美容外科手術受ける前に絶対読む本

総合東京病院・東京クリニック
形成外科 美容外科センター長
保阪善昭

法研

はじめに

私は、40年以上、形成外科医、美容外科医として治療を行って参りましたが、その間男女を問わず多くの患者さんと接し、美容医療がその方の人生に大きな影響を与えるのを見てきました。

この書籍を手に取られた人は、「きれいになりたい」「悩みを解消したい」など美容医療に興味のある方だと思います。しかし実際に手術を受けるとなると不安もあるでしょう。美容外科というと華やかなイメージですが、一方でトラブルもよく見聞きします。

美容外科は、保険適応のない自由診療が中心であることから、保険診療に比べると監視体制が厳しくない面があり、モラル、技術、料金などの面で問題のある医師や医療機関が派手な宣伝によって患者さんを集め、トラブルになることも少なくありません。

美容外科手術を行う形成外科は、第一次・第二次世界大戦を通じて、傷病兵の治療のために急速に進歩・発展した診療科です。戦後は徐々に美容のための手術も普及してきました。しかし当初は手技や材料もあまり良質ではなかったので、のちに合併症などが問題になったりしました。

現在も、先述のような事情からトラブルが起こりがちで、患者さんに不利益とならないよう技術や価格の水準を保つことが急務です。形成外科医を中心とした日本美容外科学会(JSAPS)の心ある医師が厚生労働省や日本医師会の協力を得て日本美容医療協会を立ち上げ、現状の改善をはかっています。

一方で世の中が豊かになり患者さんの要望が多様化するとともに、美容外科の技術も進歩しています。レーザー機器に代表されるように、今や美容外科は医療技術の最先端を行く診療科といえます。以前より安心して気軽に受けられるようになりましたが、やはり患者さんにも治療を受ける前に最低限知っておいていただきたい知識があります。

本書は、法研が発行する定期刊行誌『へるすあっぷ21』に、2016～2018年の3年間にわたって連載した「あなたの知らない美容外科」の原稿を元に、改稿・再編したものです。書籍化するにあたり、新しい情報を加え、できるだけ具体例を入れ、必要に応じて解説を加えました。手術の方法にはイラストを入れてくわしく図解しています。情報はトラブルから自衛するための力になります。本書で正しい知識をつけたうえで、よい医療機関を選んで受診していただきたいと思います。

本書を出版するにあたり、ご協力いただいた法研編集部の石引峰子さん、出版事業課の市田花子さん、オフィス201の勝又理夏子さんに心より感謝いたしますとともに、本書が、皆さまの豊かな生活と人生の一助になりますことを祈念いたします。

2019年12月

保阪善昭

このような方に本書をお勧めします

- ☑ これから美容整形を受けたい方
- ☑ 身近にいる人が美容整形手術を希望されている方

情報収集が重要！

これからの人生をよりよくする目的で、美容外科手術を検討されていることと思います。一方で、多くの人が不安や心配も抱えています。

納得のいく治療を受けるためだけでなく、トラブルを避けるためにも、事前の情報収集が重要です。できれば本書を身近な人と一緒に読み、正しい知識を身につければ、不安や心配も和らぎます。

アンチエイジング目的の方

どこまでできるのか知りたい

現実的な若返りの範囲について知っておきましょう。

例えば、顔のしみやしわを全部取ることも技術的には可能ですが、全身を見たときに「顔だけは若いのに…」という違和感のもとになります。自然な仕上がりのためには、治療の限界について知っておくことも重要です。

若い方
（目安として40歳代まで）

治療後について知りたい

治療後の顔や体とは長い付き合いになりますが、治療後も体は年月とともに変化します。患者さんの体質や治療を受けた部位・術式などによっては、再治療が必要になることもあります。経年変化やメンテナンスについても、執刀医にきちんと確認しましょう。

第1章 安心してきれいになりたい

第2章 美容外科手術 受けたいと思ったら

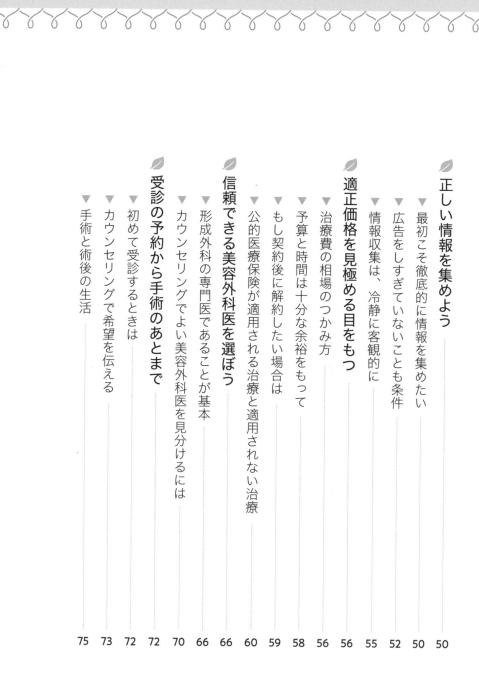

第3章

教えて！ 美容外科手術の今とこれから

第4章 美容外科、トラブルになったら

● 参考資料 ●

一般社団法人　日本形成外科学会ホームページ
一般社団法人　日本美容外科学会（JSAPS）ホームページ
公益社団法人　日本皮膚科学会ホームページ
公益社団法人　日本美容医療協会ホームページ
独立行政法人　国民生活センターホームページ

編集協力　オフィス 201　勝又 理夏子
装丁・DTP・本文デザイン　ホップボックス
イラスト　ワタナベカズコ／岡田真一

第1章

安心して
きれいになりたい

きれいになりたい、理想の容姿になりたい――だれしもこうした願いを一度は抱いたことがあるはず。「美容外科」は、近年医療技術が飛躍的に向上し、世界中で注目されています。一方でトラブルになったという声も少なくありません。安心して美容外科にかかるために、できることを知っておきましょう。

なりたい顔になりたい

▼美容外科手術できれいになる

「きれいになりたい」という願いは、だれしも一度は抱えたことがあるものです。自分の見た目に満足している人は、生活の質（ＱＯＬ）も高い傾向があります。

私は、形成外科医、美容外科医として、長年にわたり多くの方を治療してきました。顔や体などの見た目のよくない状態を改善させる治療が、形成外科の分野です。けがややけどのあとの治療、口唇裂《こうしんれつ》や口蓋裂《こうがいれつ》、小耳症《しょうじしょう》といった生まれつきの形成異常やあざの矯正、乳がんなどの手術で欠損した乳房などの再建などが含まれます。形成外科の見た目を美しくする技術をもとに発展してきたのが、美容外科です。

美容外科の目的は、患者さんの外見の悩みを手術的に解決し、社会に適応・復帰させることです。見た目のコンプレックスから精神的にもネガティブになっていた人もいらっしゃいます。しかし、美容外科手術を受けることで、自分に自信がもて気持ちが明るくなった、物ごとに前向きに取り組めるようになった、と言っていただくことがよくあります。わかりやすい例であれば、美容外科手術を受けたあと、お化粧にかける時間が短くなった、という女性もいらっしゃいました。

こうした経験から、自分の見た目に満足することが、人生を豊かにすることにつながると感じています。私はきれいになりたい人、そのために努力をする人を心から応援していますし、微力ながら助けになれればと考えています。

美容外科手術を受ける人は増えている

国際美容外科学会（ＩＳＡＰＳ）が行った美容形成調査では、２０１７年に世界で行われた外科的・非外科的美容処置は約２３３９万件で、２０１６年より５％増加したという結果でした。２０１６年も前年に比

CASE

鼻／22歳　女性

初診時、母親と来院。小さいころから姉や兄弟に鼻が低いとからかわれていたため、鼻へのコンプレックスが強い。

カウンセリングで、鼻の付け根（鼻根部）が目線より低かったため、I型プロテーゼ（→P91）を入れて鼻根部を高くすることに。手術後、気持ちが明るくなり、就活にも自信をもって臨むことができた。

顔／68歳　女性

女子高校の校長をしているため、朝礼などの学校行事を始め、人の前に立って話をする機会が多い。近年顔のシワが気になってきて、もっと若々しい見た目になりたい。

夏休みの期間を利用して、フェイスリフト（→P149）を受けた。自信をもって話をすることができるようになり、毎日の生活にもハリが出た。

べて6%ほど増加していたので、世界的には毎年数%（約100万件）ずつ増加していることになります。

実は日本は世界的に見ても美容整形大国で、ISAPSの調査では2017年の美容形成処置数は世界第3位で、日本で初めて行われた日本国内の美容医療実態調査（左記）では、全美容施術が年間で約160万件でした。

昔に比べて、美容外科手術を気軽に受ける人も増えたように感じます。インターネットの影響も少なからずあり、現在は美容外科を扱う医療機関や治療の手順・価格など多くの情報が手に入ります。SNSで個人の体験記を公開する人もいて、「ビフォー・アフター」などとして美容外科手術を受ける前と受けたあとの写真を公開する人も少なくありません。中高年の人に比べて、若い人のほうが美容外科手術への抵抗感が少ないようです。

気軽なのはよいのですが、例えばSNSに投稿するためか、貼っておかなければならないガーゼを外して撮影するなど、術後の注意を守らない方がときどきいらっしゃいます。あくまでも「手術」ですから、感染症などのトラブルになりかねません。

▼医師や機器の技術も進歩している

美容への関心の高まりとともに、美容外科手術も業界全体が大きくなっています。安全で体の

✦ 美容医療の施術件数 ✦

下記は、2017年に行われた美容医療の施術数。多い順に5位までを紹介します。日本では顔への施術が多く、9割を占めます。

外科的手技(手術)	件数
まぶた形成手術(埋没・切開)	約15万件
わきが手術(非手術含む)	約3万3000件
鼻形成	約3万件
フェイスリフト	約2万9000件
豊胸術	約2万7000件

外科的手技は世界では40%だが、日本では15%程度。特に目への施術が多く、外科的手技全体の4割以上を占める。

非外科的手技	件数
医療脱毛	約34万4000件
ボツリヌス菌毒素(しわ取り)	約25万3000件
ヒアルロン酸(乳房以外)	約14万8000件
イボ・シミ治療(レーザーなど)	約14万7000件
その他、皮膚若返り治療	約27万1000件

日本では圧倒的に非外科的手技が多い。脱毛は2割強でレーザーが主流。ボトックスはしわとりの1つで、2割弱となっている。

(JSAPS「第1回全国美容医療実態調査　最終報告書」2019年より作成)

負担が少ない治療法を研究するとともに、レーザーなどを利用した医療機器も発展しています。痛みの少ない治療や日帰り手術をうたう医療機関も少なくありません。

一方、美容外科は自由診療*ですから、医師側の専門資格や価格・手技などに厳格な決まりがありません。形成外科医からなる日本美容外科学会（JSAPS）があり、学会が認定する美容外科専門医は存在します。しかし、形成外科の専門医資格をもたない医師が美容外科手術をおこなう医療機関も存在し、トラブルも発生しています（↓P174）。

美容外科手術は、健康な体に注射針やメスを入れて美的改善をもたらすものです。だからこそ、厳格な専門医資格制度の設立や、安全面での基準の確立が求められています。

＊自由診療とは、健康保険などの公的医療保険が適用されない診療のこと。自由診療を受けた場合、医療費は全額自己負担となる

ところで「セイケイ」とは？

▼よく間違われる「セイケイ」と「ケイセイ」

「形成外科」という言葉を使ってきましたが、初めて聞いた方もいるかと思います。形成外科は整形外科と間違われることが多いのですが、この二つは全く別の診療科です。

整形外科は、骨や関節、筋肉といった運動器をみる診療科で、中国では「骨科《こつか》」と呼ばれています。形成外科は、先述のとおり、体の表面や部位の形状を治す診療科です。形成外科の柱の一つが美容外科であり、車の両輪のようにお互いになくてはならない存在です。簡単に歴史をひもとくと、標榜科の1つになったのは、形成外科が1975（昭和50）年、美容外科が1978（昭和53）年で、年代的にもあまり差がありません。

美容外科手術は、慣習的に「美容整形」「整形手術」と呼ばれています。これが整形外科の治療だとまちがわれる原因の一つですが、現在も言葉が直る見込みはありません。本書では、読者が理解しやすいよう、美容外科、美容整形といった言葉を使用しますが、特別の断りがない場合以外は基本的に形成外科での治療を指します。

▼美容外科手術の種類

ひとことで美容外科手術といっても、部位も方法も多岐にわたります。美容外科手術の対象は、全身の目に見える部位です。治療法には、メスを使うような外科手術だけでなく、注射器による薬品の注入やレーザーの照射など、目的や部位に合わせてさまざまな方法があります。

美容外科手術の対象

美容外科手術の対象となる範囲はとても広く、全身の見える部位に及ぶ。

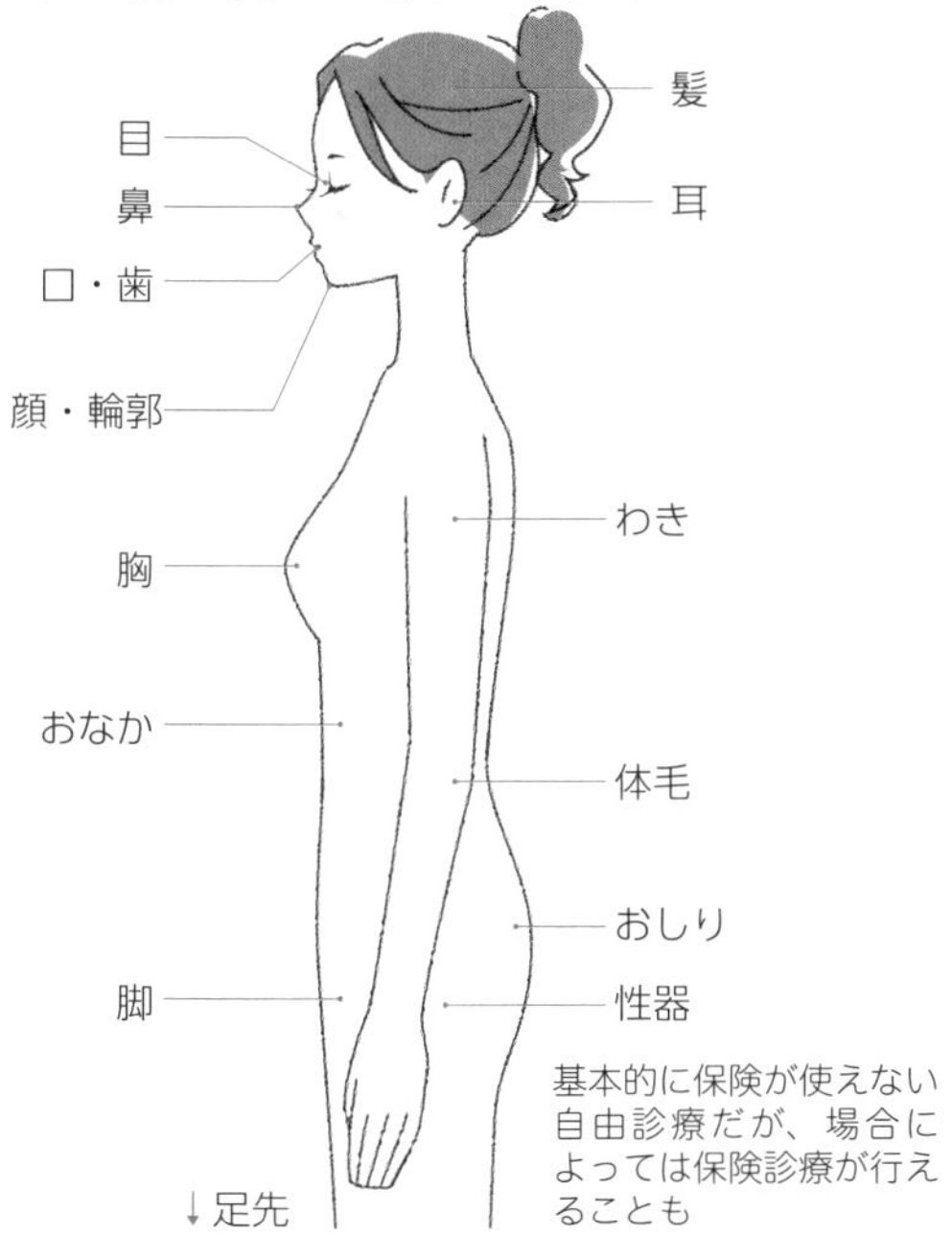

美容外科では、多くの場合は自由診療となり全額自己負担です。にきび（尋常性《じんじょうせい》ざ瘡《そう》）やあざ（母斑《ぼはん》）、わきが（腋臭症《えきしゅうしょう》）など、病名のあるものは、一定の条件がありますが保険診療が可能です（→P60）。まず形成外科を受診してください。保険診療が可能なものは形成外科、自由診療になるものは美容外科、という分け方が一般的です。

形成外科の体の表面への治療のなかには、皮膚科の領域も含まれます。皮膚科にも美容を目的とした診療分野がつくられ、２００８年から「美容皮膚科」も標榜できるようになりました。診療科の境界もあいまいな部分があり、皮膚のように複数の診療科でみてもらえる部位もあります。

世界的にも、美容外科には形成外科医のグループとそれ以外のグループがあります。おそらく今後も、さまざまな診療科が美容医療に参加すると考えられます。医師によって方針や得意な治療が異なる場合もあります。治療を検討するときに、医療機関や医師について、どの診療科の専門医が治療を行っているのか、事前にきちんと調べておきましょう（↓Ｐ50・Ｐ66）。

Column

ときにはこんな要望も……

美的感覚というものは人それぞれです。多くの人が美しいと感じるものがある一方で、個人的なこだわりや事情もあります。過去には、このような要望がありました。

まぶたを切れ長の一重にしたい、という方がいました。もともと一重の人が二重にしたけど戻したい、という要望はときどきあり、受けた術式によっては可能です。しかし、もともと二重の人を一重にするのは、実は技術的にもあまり方法がなく難しいのです。

耳を立たせたい、という要望もありました。太っていて、顔を正面から見ると耳がまったく見えないという方でした。形成外科には耳の形成不全に対する治療もあります。難しい手術ではありますが、耳を立たせることは可能です。

▼知っておきたい美容外科のキーワード

美容外科について解説する前に、知っておいていただきたいキーワードがあります。本書でもたびたび使用する言葉なので、覚えておくとよいでしょう。

●カウンセリング

簡単にいうと、美容外科の問診です。医師が患者さんの希望を聞き、患部の状態を詳細に調べます。患者さんに治療方法の違いやメリット・デメリットなども詳しく解説します。実際どのように治療するかを、患者さんと医師で具体的に話し合います（→P73）。

「カウンセラー」などのカウンセリング専門の人がいる医療機関もありますが、そのような医療機関はお勧めしません。カウンセリングは、必ず執刀する医師が行うべきです。

●外科手術（単に「手術」とも）

メスなどを用い、患部を切り開いて行う治療のことです。形成外科では基本的な治療法で、外科的手技ともいいます。逆にメスを用いない治療法を非外科的手技といい、注射器での注入やレーザーでの治療などが含まれます。近年「プチ整形」と呼ばれる類の治療法です。

●低侵襲《ていしんしゅう》

侵襲は医学用語で、体にとって害のあること、特に治療に伴って及ぶ害を指します。例えば、注射針を刺したり手術で体にメスを入れたりすることも侵襲の1つです。

　侵襲をできるだけ少なくすることを、低侵襲といいます。統一的な定義はありませんが、例えば手術の切開傷（創《そう》といいます）をできるだけ小さくするなど、従来に比べて害が少なくなると低侵襲と呼ばれます。

●レーザー

　簡単にいうと、機械で人工的に作られた、特殊な光です。色素などの物質に吸収されると熱を発する「熱作用」という作用があり、その熱でシミやほくろ、毛根などを焼きます。波長によって吸収されやすい物質が異なるため、目的に応じて使い分けます。

　最近は、レーザーのエネルギーを利用した機器もあります。

皮膚のしくみとレーザーと高周波の違い

　レーザーは光で、色素などの特定の物質に作用します。高周波は電磁波で、表皮を避けて真皮より深い部分にも作用できます。

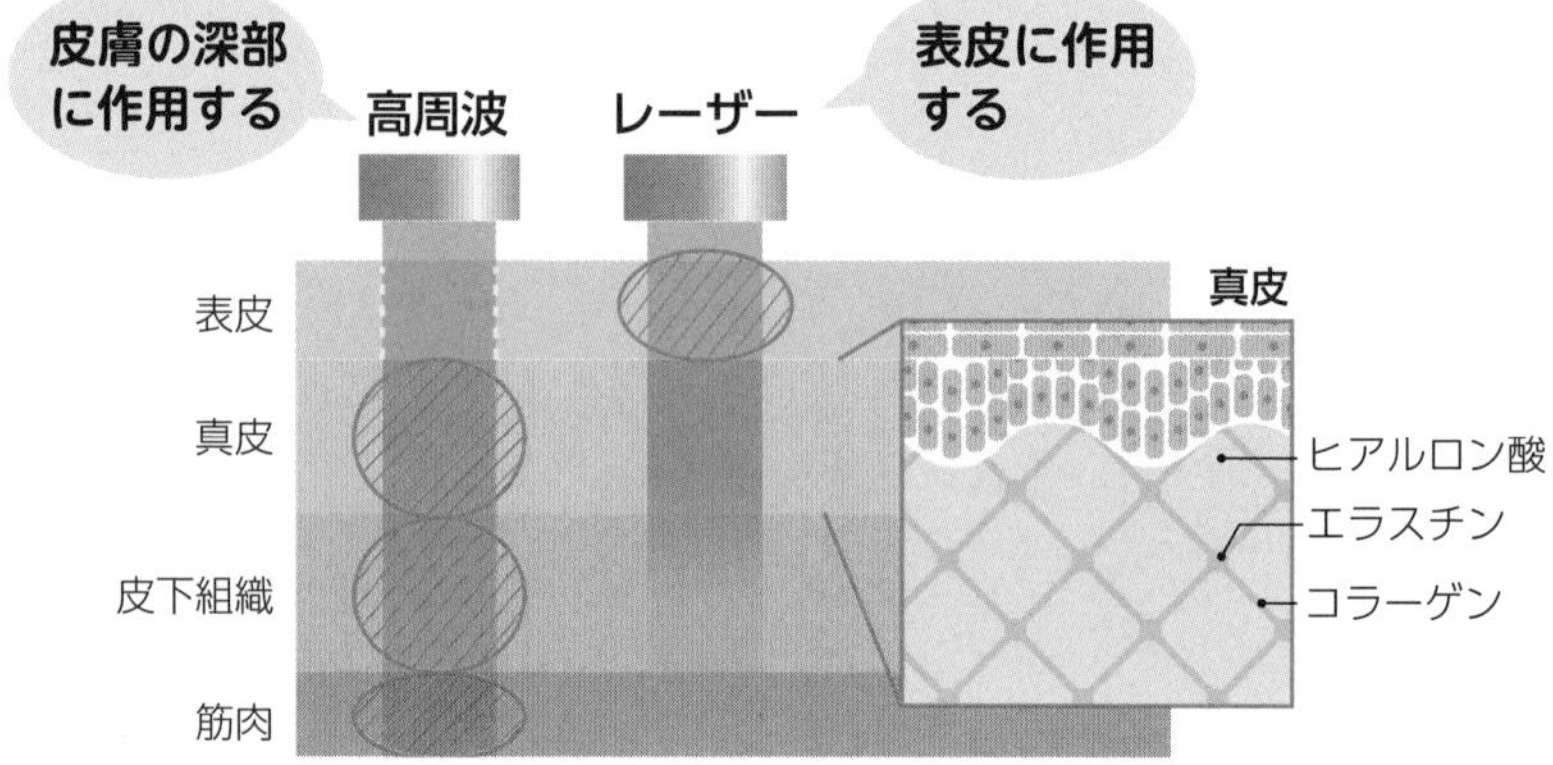

●高周波

電気を利用した電磁波の１つで、医療用機器ではラジオ波が使われます。高周波が当たることで細胞などが激しく振動して熱を発します（電子レンジと同じ仕組みです）。その熱を利用して治療を行います。

反応する物質は、レーザーとは異なります。例えば皮膚では、高周波は表皮の下の真皮や脂肪にも反応します。そのため、高周波は主にたるみや脂肪融解などに使われます。

●痩身術、痩身法

やせることを目的とした手術で、部位や状態に合わせた方法が考案されています。皮膚を切開して管を入れ脂肪を吸引する方法が中心で、近年は高周波や超音波などで脂肪を融解させる方法もあります（↓Ｐ１３０）。

●副作用

薬は、体内で必要な部位に働くだけでなく、別の部位に影響を及ぼすことがあります。薬がもつ作用のうち、治療の目的とは異なる、好ましくない作用を「副作用」といいます。副作用の現れ方には、体質などによって個人差があります。

●ヒアルロン酸

医療では注射薬の１つですが、皮膚や関節など人体のさまざまな部位にもともと存在する物質です。高い保湿力と粘り気をもち、細胞の形や組織の柔軟性を保つ働きをします。例えば皮膚では真皮に存在し、肌の張りを保っています。加齢に伴ってヒアルロン酸が減るとしわやたるみができますが、注射でヒアルロン酸を補うことで皮膚の張りを戻します。

●**ボトックス**

ボツリヌス菌という細菌がつくる毒素を利用した薬品です。ボツリヌス毒素は神経に作用して筋肉をマヒさせますが、それ自体の副作用はほとんどありません。しわのできる部位に注射で注入すると、筋肉がマヒして肌がピンと張った状態になり、しわが取れます（↓P147）。美容外科だけでなく、筋肉のけいれんなどの治療にも使われます。

●**PRP（多血小板血漿）**

血液の成分のうち、血小板と血漿《しょう》（血液の液体成分）を取り出して濃縮したもののことです。PRPを皮膚や皮下に注射することで、しわやたるみの改善を図ります（↓P148）。自分の血液を利用するためアレルギーなどの心配が少なく、しかも元の状態になったら修復が自然にストップします。近年注目されている、再生医療の1つです。

●**シリコンバッグ**

主に豊胸術に使われる道具です。シリコン製の袋（バッグ）にジェル（現在は凝集型であるコヒーシブシリコン）が入ったものです。形や表面加工などに複数のタイプがあり、希望や体質、その時の状態によって選ばれます（↓Ｐ１３３）。

●**感染症**

細菌やウイルスなどの病原体が体内に侵入して起こる病気で、外科手術の合併症の１つでもあります。手術の傷や挿入物で病原体が増殖すると、発熱や痛みを起こすだけでなく、変形や後遺症の原因になります。外科手術後は、抗菌薬などを使って予防しますが、感染症が起こった場合再手術が必要になることもあります。

●**ダウンタイム**

治療方法によっては、治療後に腫れやむくみ、痛み、内出血などが起こります。治療を受けてから日常生活に戻れるようになるまでの、回復する期間を「ダウンタイム」といいます。副作用や治療の失敗ではないかと心配する人がいますが、治療に伴う自然な反応です。

治療法や体質などの個人差にもよりますが、注射やレーザーに比べて手術のダウンタイムは長くなります。

●**消費生活センター、国民生活センター**

商品やサービスなど、消費生活に関する苦情や問い合わせを受け付ける相談窓口です（↓Ｐ１８２）。消費者からの相談を専門の相談員が受け付け、公正な立場で処理してくれます。美容外科治療でトラブルが起こった場合の、相談先の一つになります。

エステとの違い

▼美容外科とエステとの違い

きれいになるための手段として、医療機関よりも少し敷居が低いのか、エステを利用する人も多いようです。エステでも、肌の手入れや脱毛、痩身《そうしん》マッサージなどをおこなっています。美容機器などを使った施術も受けられますから、美容外科とエステはあまり変わらないのでは、と思う人もいるでしょう。

美容外科とエステは、常駐する医師がいるかどうか、国家資格があるかどうか、といった点が異なります。例えば、美容外科で治療を受ける場合は自由診療になりますので、その旨を記載した同意書にサインが必要です。エステでは金額が5万円を超える、または1ヵ月を超えるサービスを受ける場合に、書面で説明し契約書を交わす、という違いがあります。

施術を行うエステティシャンには、医師や看護師のような高い技術と専門的な知識が必要のように思われますが、実は国家資格はありません。民間の団体が認定する資格は国内外にありますし、専門的な機械を使って施術する場合は免許も必要かもしれません。しかし施設や施術者の質もさまざまで、一部には知識が古かったりまちがっていたり、衛生管理の基準を満たしていないケースもあります。エステでも医療行為に近い行為を行っているところもあり、違法性はグレーであるケースや摘発を受けたというニュースもよく聞かれます。

基本的にエステでは、体の構造や機能に影響を与えない施術しか許可されていません。美容機器を使うお店もありますが、医療機器よりも出力が低いため効果も低くなります。皮膚など体の組織を元に戻せないような（不可逆的《ふかぎゃくてき》といいます）行為は受けられません。

エステと美容外科の違いを示す、代表的な例になるのが脱毛です。エステと美容外科での脱毛の違いについて次の項で説明しましょう。

▼永久脱毛は医師しか行えない

腕、すね、わきなどの脱毛は、美容外科でもエステのサロンでも行われており、広告もよく目にします。体表の毛を除去するなら、エステでも受けることができます。しかし、除去後二度と生えてこない「永久脱毛」を希望するなら話は別です。

永久脱毛の効果を得るためには、毛根《もうこん》の毛母細胞《もうぼさいぼう》など、体毛をつくる組織を破壊する必要があります。この「体毛をつくる組織を破壊する」という行為を医師以外が行うことは、法律で禁止されています。

昔は、脱毛針《だつもうしん》という針を使った脱毛を行っていました。皮膚に当たるところをシリコンでコーティングし、毛根だけを焼くことができる針で、エステティシャンも脱毛を行っていました。しかし痛みを伴うため、本来は医師が局所麻酔をして行う方法です。

エステティシャンには看護師のような国家資格がないため、麻酔を使用できません。痛みを緩和するため冷却を行いますが、鎮痛効果は高くなく痛みに耐えられずに途中でやめる人が少なくありません。しかし前払いした費用は返金されないので、問題視されるようになりました。

１９９０年代になると、レーザー脱毛が導入されました。レーザー光線を当てて毛根の組織を破壊する方法です。レーザーは色素に反応します。毛根周囲には黒色のメラニン顆粒《かりゅう》という色素があり、レーザー光線はそれだけを狙って焼くことができます。

肌の黒い人は、白い人に比べて表皮のメラニン顆粒が多いため、やけどが起こるおそれが高くなります。皮膚色、肌質、毛根の位置、毛の太さ、皮膚に変化や炎症がないかなど、総合的に判断して行います。部位によっては局所麻酔の注射も必要となり、やはり医学的な知識が必要です。多くの美容外科では医師の診察のもと、十分に教育を受けた看護師が行っています。

エステ業界も機器を輸入して脱毛を始めましたが、未熟なエステティシャンがお客さんにやけどを負わせるような事故が重なりました。そのため、厚生労働省が２００１（平成13）年に、改めて通達を出しています（→P29）。

エステでも永久脱毛ができると誤解させるような宣伝をする施設もあります。しかしエステで合法的に使用できる機器では、毛根から再生能力を奪うほどの出力は出せません。

医療機器は、輸入の際に関税法に基づいて法律上の手続きが必要なうえ、使用者は医師に限られます。しかし美容機器なら手続きが不要です。そのため、出力が低い美容機器を輸入し、あとから違法に機器のパワーを上げる施設もあります。

エステティシャンが違法に永久脱毛を行うことで、やけどなどのトラブル報告が消費生活センターの相談窓口に多く寄せられています。医師が常駐していないエステなどの施設で「永久脱毛」と宣伝していたら、虚偽か違法に行っているかのどちらかといえます。

✦ 厚生労働省通達内容（抜粋） ✦

下記は、厚生労働省が2001（平成13）年に通達したもの。医師免許をもたない人が脱毛などを行って体に害が起こった、という事例が報告され、再度徹底するために通達されました。悪質なケースは、法律に基づき処罰される可能性があります。

厚生労働省通達内容（抜粋）
医師免許を有しない者による脱毛行為等の取扱いについて
記

第1 脱毛行為等に対する医師法の適用

以下に示す行為は、医師が行うのでなければ保健衛生上危害の生ずるおそれのある行為であり、医師免許を有しない者が業として行えば医師法第17条に違反すること。

(1) 用いる機器が医療用であるか否かを問わず、レーザー光線又はその他の強力なエネルギーを有する光線を毛根部分に照射し、毛乳頭、皮脂腺開口部等を破壊する行為
(2) 針先に色素を付けながら、皮膚の表面に墨等の色素を入れる行為
(3) 酸等の化学薬品を皮膚に塗布して、しわ、しみ等に対して表皮剥離を行う行為

（平成13年11月8日）（医政医発第105号）

美容外科手術、世間の視線は？

▼うしろめたい？　隠しておきたい？

あなたは「整形したい」と、身近な人に話しましたか？　話をしたとき、相手はどんな反応でしたか？

一般的な傾向ですが、若い人は美容外科手術に比較的抵抗が少なく、友人などに話すと「いいね」「うらやましい」「私も整形したい」など肯定的な反応が多いようです。また、若い人は顔の印象が大きく変わることにも、抵抗感が少ないそうです。

社会全体の空気を見ても、「あの人整形したよね」という会話のなかに、一昔前は「ずるい」「見破ってやった」というような批判的な色合いがありましたが、現在は手術自体の是非よりも、「いいね」「手術が成功したね」「印象が明るくなった」と、結果として印象がよくなったかどうかに目を向けられるようになりました。

一方、世代が上になるにつれ、抵抗感は根強いようです。「親にもらった顔や体に不必要にメスを入れるなんて」などという言葉もよく聞かれます。若い世代の人でも親世代に話したら反対されたという人もいます。

患者さん本人も世代が上がるにしたがって他人に隠したがる傾向が強まり、手術の結果もより自然な変化を求めるようです。手術自体に対する偏見は減ってきましたが、抵抗感は根強く残っています。

性別や年齢を問わず、見た目をよくすることは悪いことではありません。髪型や服装、メイクできれいになると、気持ちも明るくなります。その延長線上に美容外科手術があります。美容外科手術でコンプレックスが解消されて人生が豊かになったという人もいます。

プチ整形は抵抗感もプチサイズ？

そこに登場したのが、いわゆるプチ整形です。心理的抵抗感を減らすという意味では、

プチ整形のイメージ

- 短時間で受けられる
- 価格が低い
- 痛みが少ない
- 入院や通院が不要
- 他人に気づかれにくい
- 元に戻せる

などのメリットがあると考えられている

患者さんの一般的なイメージは、短時間・低価格で受けられる、気に入らなければ元に戻せるなどです。

とはいえ、施術をする美容外科医の知識や技術は、外科手術と同程度に必要です。

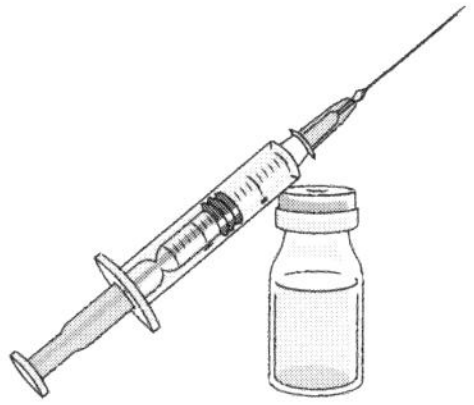

プチという語感の功績は小さくはありません。

プチ整形には正しい定義はありませんが、一般的には簡単な施術という意味で使われています（↓P31）。ヒアルロン酸注射、ボトックス注射といった注入治療や、メスを使うような外科手術でも二重まぶた形成など、簡単な（ように思われている）ものを「プチ整形」と呼ぶ人もいます。エステなどで行われている非医療術が含まれていることもあり、境界はあいまいです。

プチといえども治療ですから、正しい知識が必要なことには変わりありません。件数が多く気軽に受ける人が多いぶん、トラブルも目立ちます。そしてトラブルになると「プチ」では済まない被害が起こることもあるのです。

次項では、鼻の治療を例にしてプチ整形のトラブル例をお話しします。

▼プチ整形にも落とし穴が

一般的に、日本人は西洋人と比較して鼻が低く、鼻を高くしたいという願望が多くみられます。それに答えるため、鼻を高くする「隆鼻術《りゅうびじゅつ》」がさまざまな方法で行われてきました。過去には、パラフィンや蜜蝋《みつろう》を混ぜたものや液体シリコンなどの質の悪い素材の注入を安易に行い、多くのトラブルが引き起こされました。

形が悪くなったからといって一度注入した物を取り出す「救済手術」は、もともとの組織と注入物の癒着などもあり、簡単ではありません。注入法は危険であるとの認識が高まり、取り出すのが比較的容易なシリコンプロテーゼ（人工軟骨）を埋入《まいにゅう》する方法が主流となりました。

しかしこの方法も、将来的に合併症（↓P36）を引き起こす可能性があり、一概に安全とはいえません。体が埋入物を異物とみなし、埋入物の周囲に被膜をつくり痛みを生じることがあります。被膜拘縮《ひまくこうしゅく》という体の自然な免疫反応の1つです。シリコンプロテーゼの代わりに自分の耳や肋骨《ろっこつ》などの軟骨・筋膜を使用する方法もありますが、一長一短あり時間も費用もかかります。

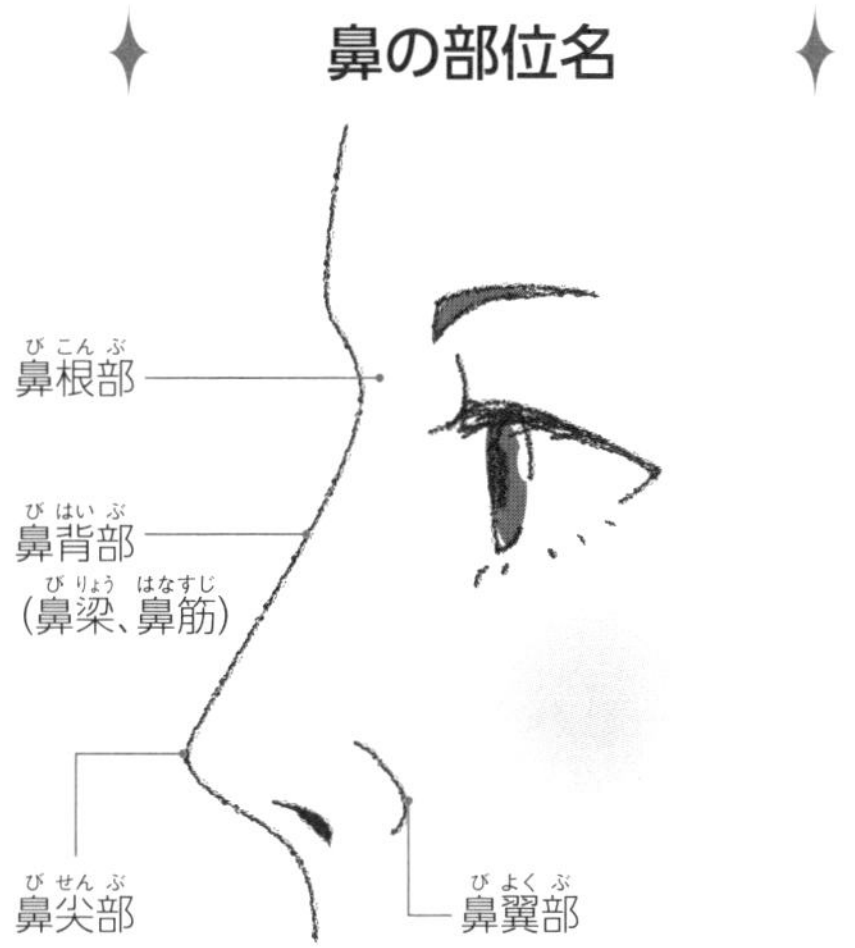

これらに比べて、単にヒアルロン酸を注入する方法があります。注入する部位は、主に鼻根部や鼻尖部《びせんぶ》、ときに鼻背部《びはいぶ》です。これがプチ整形とよばれる隆鼻術です。

ヒアルロン酸はそのままだとすぐに体内に吸収され、2～3ヵ月程度で効果がなくなります。そのため、ヒアルロン酸にいろいろな物質を混入し、吸収速度を遅らせた薬品が作られました。混入物には、骨に近い成分のハイドロキシアパタイトなどがよく使われます。ヒアルロン酸やハイドロキシアパタイト自体は安全なもので、アレルギー反応を起こすこともなく被膜もつくりません。ハイドロキシアパタイトを混入することで、吸収されるまでの時間が長くなり、効果が長続きします。とはいえ、吸収速度は一定ではなく、予想より早く追加注入が必要になることもあります。

そしてこの方法もトラブルがないわけではありません。注入物が血管を圧迫したり、血管に入ることでほかの器官がダメージを受けたり、組織が壊死《えし》したりということが起こるおそれがあります。注入物でトラブルが起こるケースは、患部が鼻根部のように解剖学的にリスクが高い部位だったことや、注入物の量が原因と見られています。血管の走行は人によって異なるため、だれにでも起こりうる合併症です。

２０１６年には、鼻の皮下注入による失明事故が起こりました。注入物は、ヒアルロン酸にハイドロキシアパタイトを混入したタイプです。原因としては、鼻根部に注入した量が多すぎて硬くなった注入物が周囲の重要な血管を圧迫した、注入物が眼の血管に入ったなどが考えられます。鼻以外でも、眼の上の凹んだ部位への脂肪注入で、脂肪が血管内に入って失明した事故や、前額《ぜんがく》部《ぶ》のしわに注入したヒアルロン酸が皮膚の壊死を起こした例、ほうれい線に注入したヒアルロン酸が鼻翼の皮膚壊死を起こした例も報告されています。

注入物自体がリスクの高いものであるケースもあります。ヒアルロン酸への混入物には、アクアミドのように、なかなか吸収されず皮膚に変形を起こすものもあります。患者さんはどうしても、できるだけ長持ちするものを希望しがちです。しかし、人体に吸収されないものを使うということは、危険なことでもあると認識しましょう。

使用する素材が厚生労働省の承認を受けたものかどうか、カウンセリング時に確かめましょう。承認のないものは、どんなに画期的な効果があったとしても危険性の検証が十分ではありません。

また、劇的すぎる変化を追い求めず、ほどほどの改善で妥協することも大事です。

CASE

鼻・目・あご／40歳女性

スナックのママ。鼻の低さが気になって受診。あまり低くはないが、もう少し高くしたいという本人の希望で、鼻と二重まぶた（切開法）の手術を行った。

鼻と目は満足したが、バランスの関係で下あごが気になるようになった。シリコンプロテーゼであごを少し出すと、バランスがとれて満足した。手術後、スナックのお客が増えたという。

鼻／28歳男性

仕事で営業をしているが、鼻が大きく団子鼻であることがコンプレックスで、自分に自信がもてなかった。

鼻翼部《びよくぶ》を縮小するとともに、鼻尖部《びせんぶ》の組織をできるだけ除去し、軟骨も操作して鼻を全体的に縮小した。手術後、自信が出て性格が明るくなった。仕事でも営業の成績がアップしたと喜んでいる。

安全かどうかを見極めるには

▼「手術」にリスクはつきもの

美容外科手術についてインターネットで検索すると、多くの情報が得られます。なかには「失敗した」という個人の感想が出てくることがあります。思ったのと違う、効果がなかったというだけでなく、皮膚の壊死《えし》など後遺症で日常生活に支障をきたすケースもあります。「下手」「だまされた」といった執刀医や医療機関への苦情も見受けられます。ただでさえ手術は怖い印象なのに、ネガティブな情報に触れると、いっそう心配になるのは当たり前でしょう。

日本の美容医療の技術は近年飛躍的に向上し、薬品やレーザーなどの機器の性能だけでなく、外科手術においてもレベルが上がっています。しかし当然ながら、どんな医療にも１００％はあり得ません。先ほどお話ししたようにプチ整形のように一見手軽に受けられそうな治療でも、必ず「リスク」はあります。治療によって深刻な問題が引き起こされたり、最悪の場合死に至る可能性もあるのです。

手術によるリスクで多いものは「合併症」です。合併症とは、ある病気や治療が原因で起こる

手術の主な合併症

合併症は手術部位や傷口の大きさによっても異なります。

手術の合併症	麻酔による合併症
●創感染（傷口の赤み、腫れ、熱など） ●出血 ●傷跡、ケロイド、色素沈着 ●神経損傷、血管損傷	●（全身麻酔の場合）歯のトラブル、のどの痛み、声枯れ、肺炎 ●アレルギー（じんましん、呼吸困難など） ●血栓症（心筋梗塞《こうそく》、脳梗塞、肺塞栓症《はいそくせんしょう》）

別の病気のことです。手術の場合、傷口の感染症や、神経や血管を損傷して起こる痛みやマヒ、といったリスクがあります。手術には麻酔が不可欠ですが、麻酔薬自体にも副作用やリスクがあります。手術中は体を動かせませんから、血液のかたまりができて、血管を詰まらせる可能性もあります。

合併症が起こりうる確率は、医療機関や執刀医、本人の年齢・体の状態などによって異なりますが、一般的には数％程度です。事前に予防したり対策したりできるものもあります。

健康や安全にかかわるリスクのほかにも、美容外科手術には独特のリスクがあります。術後の結果が「思っていたのと違う」ということです。執刀医は、手術前のカウンセリングで患者さんと方針などについて綿密に相談しますが、術後の結果を完全に予測したり保証したりすることはできません。

また、まぶたや目尻は1ミリの違いで印象がガラリと変わります。患者さんの理想に沿うため美容外科医もできる限り努力していますが、結果的に満足できないことも少なくないのです。

▼手術後に後悔しがちなケース

もし術後の結果が思っていた状態と違っても、「これでよい」と思えるのなら成功といえます。「失敗」「期待外れ」と感じた場合は、たとえ手術自体がうまく行っても満足できないでしょう。美容外科手術への理解不足が原因ということも多いのですが、手術前に再手術になりそうだなと思う人もいます。考え方や性格が、美容外科手術に適さないのです（↓P39）。

例えば、周囲の意見に左右されがちな人。事前に手術を強く希望していて、結果も希望通りだったとしても、周りの人から「前のほうが良かった」「似合ってない」などと言われると、だんだん気になってきて「元に戻したい」と思うようになります。

治療法にもよりますが、基本的に元に戻す手術は難しいと考えた方がよいでしょう。

最初の手術は、皮膚を切って組織の一部を切り取ったりシリコンなどを挿入したりします。同じ部位を再手術する場合、一度切った部分は皮膚組織が線維化していたり、シリコンなどが組織

✦ 後悔しがちな人・治療をくり返す人 ✦

批判されるのが嫌で、家族や周囲に相談できない、という人もいます。主体性をしっかりもっていること、今とこれからを楽しむことが重要です。

- **他人の意見に左右されがちな人**
- **悪い点ばかり気になる人**
- **済んだことをいつまでも気にしすぎる人**

など

前のほうが
良かった
似合ってないよ
元に戻したほうが
いいのかな…

周囲の心無い反応は嫉妬の気持ちかも

キレイになりたい気持ちは周囲の人にもある。批判的な言葉や心配する言葉に、嫉妬する気持ちが隠れているかもしれない。

と癒着していたりして、きれいに剝《は》がすのは難しくなります。切り取った組織を再び戻すこともできません。

治療を1ヵ所受けたあとに、別の部位で治療を次々とくり返す人もいます。流行を気にしすぎる人は要注意です。例えば、以前、目は大きければ大きいほどよい、と言われていましたが、今は涙袋をつくりたいと要望する人が増えています。流行は頻繁に変わりますから、治療を受けた直後は満足しても、流行が変わると再治療したくなる可能性があります。

典型的な日本人顔なのに白人のようになりたい、と現実からかけ離れたことを希望する人もいます。希望があまり現実的でない場合も、治療をくり返す原因になります。

▼正しい知識が重要

ある意味、美容外科は特殊な診療科です。患者さんの美意識に基づいて、健康でまったく傷のないところにメスを入れるのです。美容外科の目的は、患者さん自身に満足感を得てもらうことですから、周りの人には問題なく「成功」したように思えても、本人が満足できなければ「失敗」になります。しかしこれは、事前にきちんと手術を理解することで防げます。

美容外科では、傷跡もできるだけ目立たないように処置しますが、いったん切開すれば傷跡という不可逆的な変化は避けられません。手術の前に美容外科や治療法について、知識をつけることが重要です。２章以降で、美容外科のかかり方から具体的に解説していきます。

もしトラブルになったら、精神的にパニックになるのがふつうです、しかし、対処法を知っておくことで、早く冷静になって対処することができます。必要な情報を集めることが、自分の体を守ることにつながります。

美容外科手術は、命や病気にかかわらない治療ですから、急ぐ必要はありません。きちんと情報を集めて、頼れる美容外科医を見つけて相談し、冷静に判断しましょう。

美容外科手術は安くありませんし、体への負担も決して楽なものではありません。相当の覚悟をして外科手術を受けたのに、後悔するのはもったいない。事前によく調べて冷静に考えましょう。
手術の効果を高め、合併症などを低減するためにも、医師からの注意事項は守り、手術後のダウンタイムはしっかり休んで、がんばった自分をいたわってあげてください。

Column

手術をくり返す人には精神的な理由が潜むことも

自分へのコンプレックスが強くて、全身を作り替えないと気が済まない人や、同じ部位を何度手術しても満足できない人もいます。何度も手術を受けていると、自分に合う形を見失うだけでなく元の形もわからなくなって、いつまでも満足できなくなります。

そうした人には「整形依存」や「醜形《しゅうけい》恐怖症」といった、共通の心理状態があります。原因はさまざまですが、周囲の言葉かけなど環境の影響が大きいようです。美容外科手術の失敗も原因になりやすく、失敗した人を専門にみる精神科医もいるほどです。

カウンセリングのとき、この人は精神面のケアが必要だと思ったら、精神科と連携します。手術に失敗した人は、患部を修正してから精神科に紹介します。

しかし、私が止めてもあきらめず、別の医療機関で手術を受ける人もいます。美容外科医が中止や変更を提案するのには、必ず理由があります。医師に理由を聞いて、自分でも冷静に考えていただきたいと思います。

醜形恐怖症／身体醜形障害

A　1つ以上の身体上の外見の欠陥または欠点にとらわれているが、それは他人にはわからないか、ささいなものに見える

B　容姿に悩み、くり返し行動（鏡を見るなど）、または他人との比較などを行う

C　容姿について悩むことで、身体的・精神的な苦痛、社会や職業などに障害を起こしている

D　その容姿の悩みは、摂食障害の人の肥満や体重に関する心配ではない

醜形恐怖症は精神疾患の1つで、強迫症に含まれる。とても強い考えで除去するのが難しく、精神科医の専門的な治療が必要。

（『DSM5』医学書院、2014年を元に作成）

第2章

美容外科手術受けたいと思ったら

美容外科で治療を受けたいと思ったら、受診前にどの医療機関にかかるかを、十分に調べておくことが重要です。自分の考えをまとめるポイントや、医療機関をチェックするときのポイントがあります。

受ける前にまず自分を見つめ直す

▼なぜ受けたい・受けようと思った？

美容外科を受診すると、まずカウンセリングが行われます。カウンセリングでは、執刀医に治療を受ける目的や部位、どういう雰囲気になりたいのかを相談します。執刀医は、患者さんのもとの雰囲気だけでなく皮膚の厚さや骨格を考慮しながら、具体的な方法をいっしょに考えることになります。受診前に、カウンセリングの準備をしましょう。

まずは、自分のことを冷静に見つめ直してみてください。あなたが美容外科手術の検討を始めたのはなぜでしょうか？　気になる部位や気になる理由があるはずです。

口唇裂《こうしんれつ》など生まれつき（先天性）の異常がある場合、けが・やけど、がん切除後の再建をしたい場合などは、形成外科で公的医療保険が使えます（↓P60）。公的医療保険では、対象となる病気や治療法が細かく分類され決められています。

美容外科でしか使えない機器を使うなど、保険診療ではない治療を受けたい場合や、目的が美容の範囲になる場合もあるでしょう。日本では現在、混合診療（↓P45）はできませんので、公

混合診療はできない

医療機関で治療を受けるときには、診察費などがかかります。混合診療とは公的医療保険を利用しつつ、適用外の治療費を自己負担に追加する考え方ですが、基本的に認められていません。

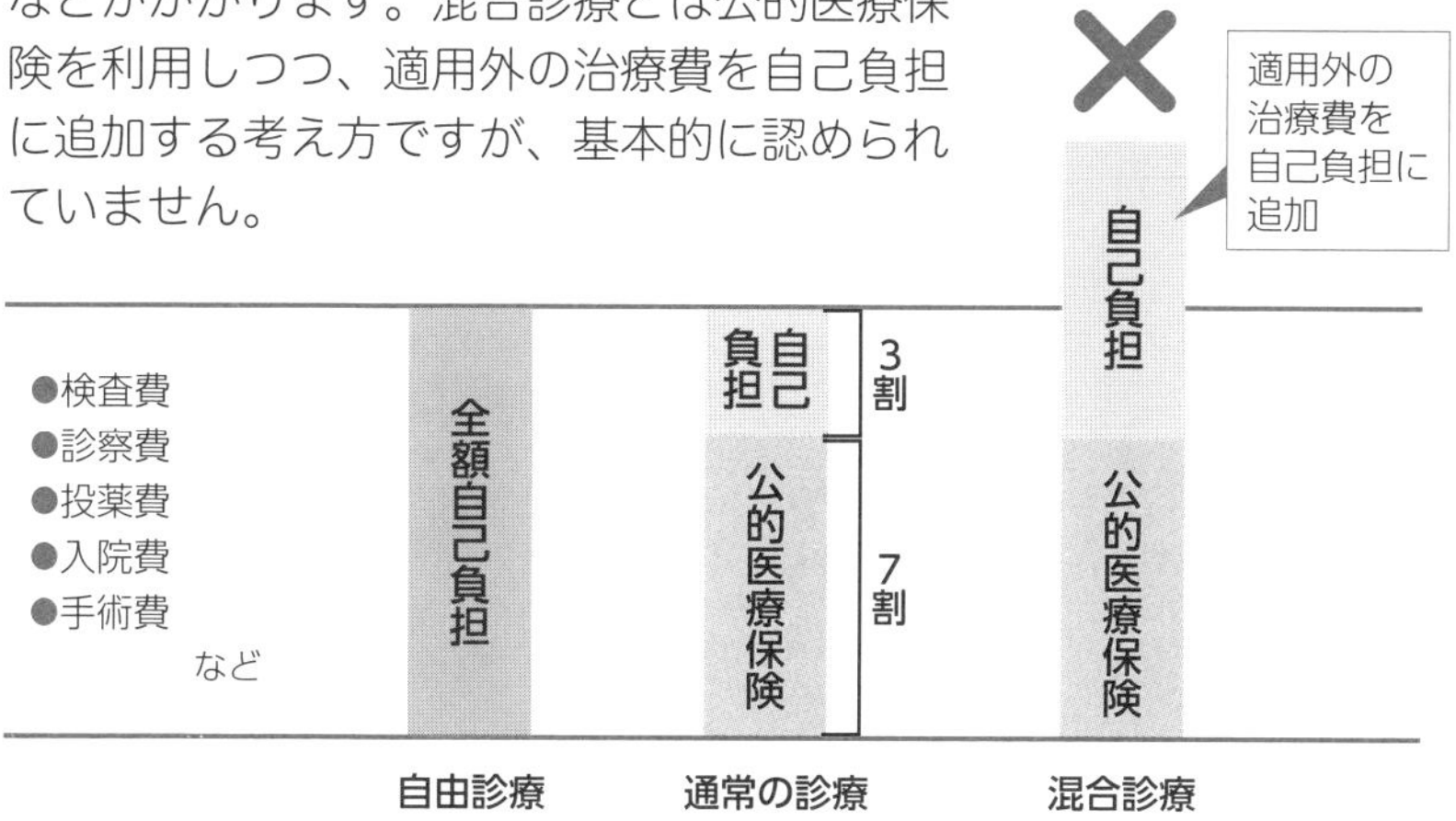

的医療保険が使えない治療を受けたければ、自由診療となり全額自己負担になります。公的医療保険を利用できるかどうかは、形成外科を受診して医師にたずねてみてください。

特に疾患や異常がなく、美容目的の場合は公的医療保険が適用できません。自由診療になり、全額自己負担になります。

美容目的の場合こそ、受診する前になぜその治療を受けたいのか、その治療で当初の目的が達成されるのか、メリットやデメリットも含めて、慎重に考えましょう。

例えば、モデルや接客業のような不特定多数の人の前に立つような仕事では、見た目が変化することで仕事が増えたり減ったりするため仕事との兼ね合いが大きくなります。

治療を受けたあとにはダウンタイムという

回復までの期間を要します。それらの可能性をふまえて、治療を受けたあとの影響について具体的に考えてください。ダウンタイムのあいだ自宅で休めるのなら良いのですが、外せない仕事や学業があって、腫れや痛みが引かないうちに外出しなければいけない人もいるでしょう。また、手術前後の変化が明らかにわかってしまうのは嫌、自然に変化したように見せたい、と希望する方も少なくありません。すると当然ながら変化も小さいものになります。

治療には必ずリスクがあり（↓P36）、万が一修正が必要となれば、さらなるお金と時間も必要になります。そうしたデメリットも考慮しながら、美容外科手術を受ける目的を冷静に考えてください。

▼きれいになりたい？　かわいくなりたい？

次に、「なりたい自分」のイメージを具体的に考えていきます。患者さんが客観的に今の自分や治療の希望をとらえられていると、執刀医も方向性や術式を検討しやすくなります。

大まかな方向性として、「きれい」と「かわいい」だけでもイメージは異なります。「きれい」というと知的・大人びたというイメージです。具体的には、鼻を高くしたり輪郭《りんかく》やあごを細くしたりする方法があります。一方「かわいい」というと丸みがあって幼いイメージで、肌のアンチエイジングをしたり鼻やほおをふっくらとさせたりする方法が考えられます。

雑誌などを見て、希望に近い有名人の顔の部位からイメージを具体化したり、近年はスマートフォンのアプリなどを使い、自分の写真を加工してシミュレーションした画像を見せてくれる人もいます。その通りにできるわけではありませんが、希望を伝えるのに役立ちます。

気になる部位がどうなれば目的が叶うのか、具体的に考えるのもよいでしょう。例えば美容外科で最も多い治療は、まぶたの二重手術です。二重にしたい場合、二重の形や幅といった点も考えていきます。アイプチなどの製品を使って理想のまぶたを作って見せると、術後の雰囲気がつかめます。

ただ、完璧にシミュレーションどおりになるわけではない、ということも念頭に置いて

Column

有名人そっくりの顔にすることは可能か？

カウンセリングの際、雑誌などを持ってきて「○○さんのような顔になりたい」という人もいます。

人の顔は、骨格や脂肪、皮膚から輪郭ができ、微妙なバランスで目や鼻、口が配置されています。筋肉や皮膚の厚さなどもそれぞれ違いますから、完全に同じ顔にはなりません。患者さんの顔となりたい顔が離れているほど、手術は大掛かりになり、不自然な仕上がりになりがちです。

顔の一部を近づけることは、技術的には可能です。うまく組み合わせれば雰囲気を近づけることができますから、執刀医とよく相談することをお勧めします。

ください。美容外科医も、術後の予測はある程度可能ですが、患者さんの体質などによって誤差が出る可能性もあります。術後に「思っていたのと違う」ということが起こらないために、理想にもある程度の幅が必要です。

▼こんな人はさらに慎重に……

持病や体質などの影響で、通常よりも手術のリスクが高くなる人がいます。

どのような手術でもリスクが高くなるのは、高血圧や糖尿病などの持病がある人です（↓P49）。全身麻酔をかけると血圧は下がり、麻酔から覚めるときは血圧が上がります。高血圧や糖尿病があると動脈硬化が進んでいることが多く、血圧のコントロールが難しくなります。その結果、心筋梗塞《こうそく》や脳卒中などを起こす可能性が高くなるのです。美容外科手術は急いで受けるものではありませんから、手術の時期を見直し、持病の治療を優先しましょう。

喫煙している人も、心筋梗塞などの合併症の危険性が高くなります。さらに、喫煙していると痰が多くなり免疫力が低下するため、術後に肺炎にかかるリスクも高く、傷の治りも遅いことがわかっています。手術前は1ヵ月以上の禁煙が必要です。

アレルギーがある人も要注意です。特に麻酔薬や手術で使われる薬にアレルギーがあると、じんましんや呼吸困難を起こす可能性があります。ほかにも例えば、花粉症がある人が二重まぶた

✦ 手術のリスクが高くなる人 ✦

もともと病気がある場合は、手術で合併症が起こるリスクが高くなります。美容外科手術では、精神的に不安定な人は術後のトラブルを避けるため、先に精神科や心療内科を紹介される場合もあります。

- 心臓や血管の病気がある人
- 高血圧、腎臓病、肝臓病、糖尿病、呼吸器の病気がある人
- 感染症がある人
- 何らかのアレルギーのある人
- 過去に麻酔や手術でトラブルが起こった人
- 喫煙者
- 妊娠中の女性
- 精神的に不安定な人　など

の治療を受ける場合、花粉症のシーズンは避けた方がよいなど、手術部位ごとの注意点もあります。アレルギーがある場合は、必ず医師に伝えてください。

また麻酔から覚めたあとに嘔吐《おうと》が起こる人もいます。以前嘔吐を起こした人は、そのことも伝えましょう。

妊娠中の手術は、流産や早産の原因になる可能性があります。おなかの赤ちゃんのためにも、手術は出産後、体調が落ち着いてからにしましょう。

生理（月経）中に手術を受けることはできますが、できれば避けた方が無難です。スケジュールが重なりそうな場合は医師か看護師に相談を。手術日をずらすなど対応してもらえます。

正しい情報を集めよう

▼最初こそ徹底的に情報を集めたい

美容外科手術を安全に受けるためのポイントは、たった1つです。最初の治療を、信頼できる美容外科専門医のもとで受けること。これに尽きます。

美容外科は、1回手術を受けてみて気に入らなければ再手術、とは簡単にはできません。手術というものは、1回目より2回目以降のほうが技術的に難しくなります。

部位や術式によっては、修正ができないケースもあります。

しかも治療費は保険が使えず全額自己負担ですから、1回の診療でも数千円、手術を受ければ十万円以上かかります。そしてその費用はクリニックごとにかなり違いがあります。また、修正のための手術を行うことになったら、最初の手術と同じか、それ以上の金額が必要です。

ですから美容外科は、最初がすべて。事前によく調べておくことがとても大事になります。美容外科手術を受ける前に、ホームページなどで情報を集めましょう（↓P51）。このとき、クリニックではなく、医師に注目して情報を集めてください。実際に治療にあたる医師が信頼できるかど

情報チェックリスト

医師の経歴を確認しましょう。特に形成外科の専門医資格を有することは最低条件です。「認定医」「学会会員」「学会に所属」という表記だけでは不十分。専門医として日々研鑽を積んでいることも重要です。

医師の経歴、資格

形成外科学会の専門医である。形成外科の研修を受けた医療機関名が明記してある。JSAPS（日本美容外科学会）の専門医資格がある。学会への出席や発表、学会誌で論文の発表などの業績がある。

契約

手術や予約を急かさない。考える時間をきちんと与えてくれる。

カウンセリングや治療

治療やカウンセリングをする医師が明記されている。カウンセリングと治療を行う医師が同じ。治療後のフォローやメンテナンスも同じ医師が行う。

医師の説明

ホームページで、治療方法やメリットだけでなく、副作用や合併症について説明している。カウンセリングで十分な説明を受けられる。

うかが重要です。

美容外科医を選ぶ第一のポイントは、その医師が形成外科のトレーニングを積んでいるかどうかということです。経験年数も長いほうがよいでしょう。形成外科の一分野が美容外科ですので、形成外科専門医の資格をもっている医師は一応の信頼がおけると考えられます。さらに形成外科医を中心とする日本美容外科学会（ＪＳＡＰＳ）や日本美容医療協会に所属しているかどうかも判断の目安となります。日本美容外科学会にはＪＳＡＰＳとＪＳＡＳの２つがありますが、ＪＳＡＰＳの専門医になる条件は厳しく、形成外科の専門医資格を有することも求められています（↓Ｐ69）。

▼広告をしすぎていないことも条件

美容外科医を選ぶときの第二のポイントは、所属するクリニックが過度な広告、宣伝を行っていないことです。近年はホームページなどで、医療情報と見まがうような広告を載せているクリニックもあります。

なかには「腫れない、出血しない、痛くない、手術後すぐに職場に戻って仕事ができる」など、患者さんにとっては心を動かされますが、常識的には考えられないものもあります。これらをうのみにしてクリニックを受診すると、そういったクリニックでは、リスクについては詳しく説明せず、あの手この手を使って手術を承諾させるようにもっていくのです。

手術をするということはメスで皮膚を切るわけですから、腫れないとか出血しないということはありえません。痛み止めの注射を打っただけでも、内出血や腫れが起こります。また、先述したように思い通りの結果にならないことも少なくないのです。後で責任を逃れるためにパンフレットや手術の同意書に目立たないようには書いてあるでしょう。

そこまでして、患者さんを集めなければならないのには理由があります。それは広告費です。広告をしないと患者さんが集まりませんが、広告費はかなり高額です。全国に系列があるような美容外科クリニック（以降チェーン医療機関と称します）では、総収入の3分の1から2分の1

◆ 医療広告で禁止されている表現 ◆

医療機関に関する広告は「医療広告」といい、厚生労働省によってガイドラインが定められています。医療広告は一般的な広告よりも条件が厳しく、禁止されている表現があります。下記に当てはまる場合、厚生労働省の指導に従わない、営利主義の医療機関と判断できます。特にインターネットで情報を集めるときは、いっそう注意が必要です。

- ☑ **手術前後の写真を掲載している**
- ☑ **患者さんの体験談を載せている**

患者さんの状態には個人差があり、写真や体験談と同じ結果が得られる保証はない。治療方法や副作用などの詳しい説明がある場合は、いわゆる「ビフォー・アフター」の写真の掲載が可能だが、それ以外は禁止されている。

- ☑ **著名人の名前を掲載する**
- ☑ **雑誌や新聞で紹介されたことを掲載する**

他院に比べて優良かのように見せかける「比較優良広告」にあたり、禁止されている。

- ☑ **「絶対安全、必ず成功する」という言葉を使う**
- ☑ **「1日で治療が済む」「腫れや痛みはない」などの言葉を使う**

医学上、手術や治療には必ずリスクを伴う。また治療・退院後も、抜糸や回復の確認で定期的な受診が必要。「絶対」「必ず」という保証はなく、虚偽広告と判断できる。

- ☑ **キャンペーンなどと称して費用を強調する**
- ☑ **「カウンセリングを受けたかたに○○をプレゼント」など、医療とは関係ない事項を入れる**

治療内容の正確かつ客観的な判断を妨げるため、医療広告では使用できない。

（厚生労働省「医療広告ガイドライン」2018年を元に作成）

が広告費だけで飛んでいきます。収入を増やすため、従業員が一致団結をして手術にもっていこうとするわけです。

収入が増えると給料も上がります。医師も、手術を早く多くこなさないと収益が上がらず、経営者から文句を言われます。たとえ腕がよくても、早さ重視の粗雑な手術が行われかねません。このような状況では、ちゃんとした医師は定着しにくいでしょう。

どんな手術にも危険はあり、回復まである程度時間を要します。広告には惑わされず、治療について、本当のことをていねいに話してくれる医師を選ぶべきです。

Column

広告費と治療費の関係

例えばしわやたるみをとるフェイスリフトという手術では、患者さん１人につき4～5時間かかります。医師１人が１日に行えるのは患者1～2人分が限界で、２人目が終わるのは夜中になります。

手術には材料費、人件費などがかかります。さらに広告費も、治療費に跳ね返ってきます。１日の広告費が１００万円だとすると、単純計算でフェイスリフトの手術費に50万以上の広告費が上乗せされるわけです。

広告を打って患者さんが増えると、手術の件数も増えます。必然的に、医師１人ではフェイスリフトのような時間がかかる手術はできなくなります。

これらの面からも、あまり広告をしない医療機関のほうがよいのです。

です。

▼情報収集は、冷静に客観的に

最後のポイントは費用です。次の項で詳しく説明しますが、安すぎても高すぎても注意が必要です。

最近の患者さんはとても熱心で、術式やリスク、料金についてもよく調べています。しかし消費者の自然な心理として、できるだけ費用を安く抑えたくなったり、逆に金銭感覚がマヒしたりするものです。調べるうちに理想へのこだわりが強くなって、自分の元の顔の良さや全体のバランスが考えられなくなることもよくあります。進学や就職までにと急ぎすぎて、治療やダウンタイムの時間がかかる方法を客観的に比較できない人や結果を長い目で見られない人、医師や周囲からの耳の痛い意見を受け入れがたくなる人もいます。

情報収集は、あくまでも冷静に。１人で考えるのではなく家族や周囲の人にも相談して、第三者といっしょに、時間にもお金にも余裕をもって考えましょう。

適正価格を見極める目をもつ

▼治療費の相場のつかみ方

医療機関で診察や治療を受けるときにも、もちろんお金がかかります。

通常の診療では公的医療保険が使えますから、自己負担は安く済みます。また、どこの医療機関を受けても診療や薬にかかる料金は基本的に同じです。治療費が高額になったら、高額療養費制度などの公的な制度があります。

しかし、美容外科では公的医療保険は基本的に使えないので、自己負担する費用は高くなりがちです。料金に統一された決まりはなく医療機関ごとに異なります。治療前のカウンセリング料金にも数千円から1万円という差があります。

治療費用は部位や術式ごとに異なり、ホームページなどで公開している医療機関もあります。合計金額だけが示されている場合も多いので、その金額のなかにどんな処置やサービスが含まれているか確認しておきましょう。

料金は人件費や材料費などを元に算出されています（→P57）。料金に差がつくのは、家賃な

美容外科手術の内訳

美容外科手術の料金は、これらの金額をもとにしてクリニックごとに決められています。

- 設備費（クリニックの家賃など）
- 検査費（検査機器費など）
- 人件費（医師、看護師、医療事務員など）
- 手術費（所要時間、難易度など）
- 材料費（医療器具、薬品、ガーゼ、包帯など）
- 広告費（看板、ポスターなど）
- その他、安全性を確保するための費用（衛生、保険、研修費用など）

相場を知っておくことが大切

どの地域的な影響や広告費などのほか、医師の経験年数や手術の難易度といった理由があります。材料費などには大きな差はないので、同じ術式で複数の医療機関を比較することで、相場が見えてくるでしょう。

もし相場を超えて治療費を著しく低く、あるいは高く設定していたら、必ず理由があると考えてください。

例えば、価格を安く設定している医療機関では、ヒアルロン酸やボトックスなどの薬品は、開封した容器を複数の患者さんで使い回して費用を抑えているかも知れません。衛生面で問題があります。またヒアルロン酸などに安く質の悪い材料を使用しているかもしれません。基本的に国産の製品のほうが安心です。カウンセリング料金などを無料にしているクリニックもありますが、本来重要であるカウンセリングを無料にしてまで、患者さんを呼び込む姿勢に疑問が残ります。

逆に、治療費が高いからといって、技術が高いとは一概にはいえません。家賃や広告費にお金がかかっているだけかも知れません。

▼予算と時間は十分な余裕をもって

複数の医療機関を比較検討して治療費の相場をつかんだら、予算を組みましょう。予算はぎりぎりではなく、余裕をもって組むのがポイントです。十分な費用が準備できたら、これはと思う医療機関でカウンセリングを受け、執刀医を信頼できると感じる場合だけ、その医療機関を選ぶとよいでしょう。

公開されている治療費はあくまでも基本料金で、患者さんの治療法や体の状態によって個人差があり、カウンセリングを行って初めて実際の金額が明らかになります。もし提示された治療費が予算よりも高ければ再考しましょう。不明確な部分がある場合は、もう一度カウンセリングを受けて執刀医と話し合いましょう。適正価格だと思っても、自分で用意できる費用が不十分な場合は治療を受ける時期を見直して、お金を十分に貯めてからにしましょう。

美容外科手術は、治療をしなければ命にかかわるような緊急性はありません。十分に時間とお金があるときに受けるべきです。高い治療費をローンで払う人も多いですが、できればお金が十分に貯まってから治療を受けてください。

時間的・経済的に余裕がないと、心にもゆとりがなくなります。もし結果が思わしくなく再手術を受けたいときにその段取りがつかなければパニックになりかねません。ローンを組んだりカードで借金したりするくらいなら、治療を受けないほうがよいといえます。

▼もし契約後に解約したい場合は

エステサロンや美容クリニックで行われる、脱毛や痩身術、美顔術などの施術や治療には、何回かにわたるものもあります。複数回にわたる施術や治療は「継続的役務」といいます。継続的役務の場合、回数分の料金を前払いするシステムのところがあり、たいていは料金がそのつど支払いを行うよりも安い設定になっています。

しかし、施術に問題があってこれ以上続けたくないという場合や、仕事や病気、引っ越しなど何らかの理由で通うことができなくなる場合もあるでしょう。強引な勧誘で契約を迫られたケースや、お金がないという人がクレジット会社を紹介されたケースもあります。一度契約すると、施術や治療の結果が満足できなくても、クレジット会社から料金の支払いを迫られます。なかには、申し込んだものの予約が取りにくくて施術を受けられなかったのに、一定期間を過ぎたから返金には応じないという施設もあります。

このように美容医療は料金にかかわるトラブルもたいへん多いのです。

美容医療に限らず悪質な業者から、患者さんや消費者を守る解約制度が必要になり、２０１７年に特定商取引法（特商法）が改正されました（↓Ｐ61）。一定の条件に該当する場合は、書面で治療内容などの説明を受け、契約書を交わします。解約する場合は、一定期間内ならクーリング・オフの制度が利用でき、継続治療の場合は中途解約も可能です。

現在、一般のかたにもわかりやすいように、国や学会が協力して、信頼できる専門医制度を確立させようとしています。しかし、制度が完全に機能するには、まだ時間がかかりそうです。もうしばらくは、専門医と名乗っていても、本当に信頼できる医師かどうかをよく調べてから受診してください。

▼公的医療保険が適用される治療と適用されない治療

日本では公的医療保険制度が発達しているため、かなりの範囲で保険が適用できます。保険適用の原則は「著しく日常生活に支障を来すもの、また著しく周囲の人々に影響を与え仕事に支障を来すもの」となっています。美容医療は通常、病気と考えられていませんが、限定的に保険適用の対象となる場合があります（↓Ｐ63）。

✦ 特定商取引法の対象になる治療と規制について ✦

期間・金額
- 1ヵ月を超えるもの
- 5万円を超えるもの

特商法の改正により、美容医療サービスの一部がルール化されました。５万円または１ヵ月を超えて提供される手術やその他の治療は、「特定継続的役務提供」に含まれ、規制の対象になります。

＋

治療内容

脱毛	光の照射または針を通して電流を流すことによる方法（レーザー脱毛など）
にきび・しみ・刺青等の除去または皮膚の活性化	光もしくは音波の照射、薬剤の使用、機器を用いた刺激による方法（ケミカルピーリングなど）
しわ・たるみの軽減	薬剤の使用または糸の挿入による方法（ヒアルロン酸注射など）
脂肪の減少	光もしくは音波の照射、薬剤の使用または機器を用いた刺激による方法（脂肪融解など）
歯の漂白	歯牙の漂白剤塗布による方法（ホワイトニングなど）

↓

「特定継続的役務提供」に該当する

上記に当てはまる場合は、契約時に契約書などの書面が必要で、契約後もクーリング・オフや中途解約ができます。医療機関に対しては、契約の重要な部分をわざと説明しない、偽りのある申告をさせるといった行為は規制されます。

契約時
- 書面で説明を受ける
- 契約書を交わす

解約時
- 契約書を受け取った日から８日間はクーリング・オフできる
- 事業者が定める解約料を支払えば、中途解約も可能（事業者が請求できる解約料には上限あり）

（国民生活センター、報道発表資料「美容医療でクーリング・オフが可能なケースも！」2017年12月より作成）

●**保険適用・適用外の例**

▼**ニキビ**……ひどい炎症を起こしているものに抗生物質やぬり薬などを使う場合は、保険が適用できます。しかし、ニキビ跡には使えません（↓P100）。

▼**わきが（腋臭症《えきしゅうしょう》）、多汗症《たかんしょう》**……周囲に臭いがわかり、仕事などに差し支えがあるものは適用となります。

わきがでは、「アポクリン腺《せん》」という皮膚の内側にある臭いを出す部分をはさみで切り取る方法や、皮膚ごと切除する方法といった方法のみが適用されます。超音波を当てるなど、皮膚を切らずにアポクリン腺を破壊する方法には適用されません（↓P158）。

多汗症の場合は、ボトックスという注射薬を皮膚に打ち、汗を出す神経をブロックして汗を止める方法や、わきの下に薬を塗布して臭いや汗の量を軽減する方法も適用されます。

▼**ほくろ、しみ、あざ**……大きなほくろ、悪性化が疑われるしみや色素斑、太田母斑《おおたぼはん》と呼ばれる目の周囲やほおにある薄黒いあざ、血管腫《けっかんしゅ》と呼ばれる赤いあざ、茶褐色のあざなどは保険適用となります（ほくろ↓P104、しみ↓P142）。現在、あざに対してはレーザー治療が主に使われますが、使える機種が限られており、まだ認可されていない機種を使った場合には適用されません。

✦ 保険適用となる病気と治療法 ✦

病気と条件	治療法
ニキビ ・炎症の強いもの	●ぬり薬、のみ薬（アダパレン、抗生物質） ●毛穴にたまった皮脂を針で取り除く（面皰圧出《めんぽうあっしゅつ》）
腋臭症、多汗症 ・程度が強く、仕事に差し障りがあるもの	●アポクリン腺を取り除く外科的手技（剪除法《せんじょほう》） ●（多汗症のみ）ボトックス注射、ぬり薬（制汗剤）
傷跡、やけどの跡 ・ケロイド、肥厚性瘢痕 ・引き連れを伴う傷跡　など	●貼り薬・ぬり薬（どちらもステロイド）、ヘパリン類似物質（ヒルドイドなど）、のみ薬（トラニラスト〈リザベン〉）など ●テープやジェルシートによる圧迫、安静 ●手術
脱毛症、傷跡に伴うはげ ・壮年性以外	●ぬり薬・注射薬（どちらもステロイド）、育毛剤（カルプロニウム塩化物水和物〈フロジン外用液〉）、のみ薬（漢方など） ●手術
鼻骨骨折後の変形外鼻	●全身麻酔による整復手術
陥入爪、巻き爪 ・炎症が強いもの ・膿んで肉芽《にくが》ができているものなど	●ぬり薬、のみ薬（抗生剤） ●テーピングによる固定 ●局所麻酔による手術（爪母《そうぼ》切除術など）
眼瞼下垂 ・視野狭窄や、それによる不都合があるもの　など	●局所麻酔による手術（皮膚切除術、挙筋腱前転術、筋膜移植術など）
ほくろや濃いしみ ・巨大なもの ・生活に支障をきたすもの　など	●局所麻酔による手術（切除法など） ●レーザー治療（複数回の照射が必要）
あざ ・太田母斑　・異所性蒙古斑 ・外傷性色素沈着 ・扁平母斑　・血管腫　など	●レーザー治療（複数回の照射が必要） ●外用薬（ハイドロキノンなど）とレーザーの併用療法 ●分割切除術、植皮術
臍ヘルニア	●スポンジ圧迫法（2歳くらいまで） ●局所麻酔（乳幼児は全身麻酔）による手術
顔の先天的な形態異常 ・口唇口蓋裂など口の変形 ・小耳症など耳介変形　など	●全身麻酔による手術（形成手術、骨移植など。成長してから修正手術が複数回必要になる場合もある）
陥没乳頭 ・授乳に差し支えるもの ・感染症を起こすもの	●局所麻酔による形成術（陥没乳頭形成術）

（日本形成外科学会ホームページ「形成外科診療ガイドライン」2019年、日本皮膚科学会ホームページ「皮膚科Q＆A」などを元に編集部作成）

▼**傷跡**……「ケロイド」「肥厚性瘢痕《ひこうせいはんこん》」と呼ばれる赤く盛り上がった傷跡や、引き連れを伴う傷跡への治療も適用できます（↓Ｐ１１０）。赤みが引いたあとの状態や単に見た目が気になる状態だけでは、保険適用はできません。

▼**脱毛症**……毛の抜ける量が急に増えて数が少なくなることを「脱毛症」といいます。代表的なものは、ストレスなどの影響で急に毛が抜けて円形にはげる「円形脱毛症」で、保険で治療が受けられます。けがややけどなどによる、頭部のはげにも適用されます。加齢とともに徐々に毛が薄くなる「壮年性脱毛症」には適用できません（↓Ｐ１５５）。

▼**爪の変形**……爪が先天的に曲がっていたり、靴などによる長年の刺激で変形したりすることがあります。変形した爪が皮膚に食い込むものを「陥入爪《かんにゅうそう》」といい、特に足の爪に起こりやすく、痛みや炎症、化膿を起こします。陥入爪や巻き爪の治療も保険で治療できます（↓Ｐ１６７）。

▼**まぶた**……まぶたが開きにくくなるものを「眼瞼下垂《がんけんかすい》」といい、まぶたが瞳孔《どうこう》にかかると診断されます。加齢による眼瞼下垂は、まぶたの皮膚が加齢によってゆるんだり、長年コンタクトレンズを装着したりすることで起こります。重症になると、目の疲ればかりでなく、額やまぶたの筋肉をいつも緊張させることで頭痛や肩こりも引き起こします（↓Ｐ１５１）。

治療は保険適用となり、検査結果によって術式が決まります。眼瞼下垂の治療でも、きれいな二重にしたい場合など目的が美容となると美容外科の領域になり、自由診療（全額自己負担）です。また、眼瞼下垂がある人には「埋没法」は禁忌です。

▼**おへそ**……出っ張ったおへそ（いわゆる出べそ）も、著しく突出したものや、おなかの中のものが脱出してくる「臍《へそ》ヘルニア」の治療には保険が適用となります。「おへその形を整えたい」などの場合には適用できません（↓Ｐ１６２）。

▼**顔面や耳の異常**……生まれたときからの先天異常である「口唇裂」や鼻の変形、耳がないか小さい「小耳症《しょうじしょう》」、耳の一部が皮膚の中に埋まっていたり折れ曲がっていてマスクが掛けられない埋没耳や折れ耳も保険で治療できます（口↓Ｐ93、耳↓Ｐ97）。鼻骨骨折を起こしたあとの鼻が曲がった状態や、鼻の通気が悪い場合も保険が使えます。

▼**乳頭**……乳首が乳房の中に入っているものを「陥没乳頭《かんぼつにゅうとう》」といいます。40歳位までを目安として授乳の可能性があり、授乳ができなかったり、感染症を起こしたりする場合は保険適用で治療が受けられます。見た目や形などの理由だけでは適用できません（乳頭↓Ｐ１３９）。

　ここで紹介した病気や治療法は一例です。患者さんにより適した治療法が異なりますので、まずは医療機関できちんと診断を受け、保険が適用できるかどうかを尋ねましょう。

信頼できる美容外科医を選ぼう

▼形成外科の専門医であることが基本

美容外科では、治療を受ける医療機関は、医師で判断することが重要です。受診する前の判断基準になるのが、医師の経歴や資格。つまり、過去にどの病院でどんな経験を積んできたか、専門分野はなにか、どんな専門医資格があるか、といったことです。

●医師の経歴を確認する

美容外科医は切開や縫合といった基本的技術と人体の解剖学的知識が要求されます。それらを訓練するには、まず形成外科での研修が絶対に必要です。形成外科では、体の表面を整える治療を行います。傷跡をできるだけ目立たなくすることも治療の1つですから、切開部位を選ぶときも最後に皮膚を縫うときも、専門的な手技や知識をもとに独特の方法を用います。

形成外科の研修を受けて形成外科専門医（↓P68）となったあと、さらに美容外科で一定期間以上の研修を積みます。美容外科では、形成外科の技術・知識をもとに、ときにはミリ単位で注射部位や切開をコントロールするほどの高度な技術や知識が要求されます。問診もカウンセリン

医療機関の種類による違い

美容外科は、勤めている医療機関の形態で必要となる技量や経験が変わってきます。医師の経歴を確かめるときにもある程度参考となります。

形態	特徴
大学病院	研究・教育が含まれる。新しい治療法の開発や効果の確認のために治療が行われることや、経験の少ない研修医が熟練の医師の指導を受けながら診療することもある。
大手チェーン医療機関	診療がメインで、全国に支店があるような医療機関。営業本位のところが多く、形成外科の専門医をもたない医師が診療をしていることもある。
熟練医の集団医院、個人の開業医	診療がメイン。目、鼻など一部を専門にする医師が集まって、１つの医院で診療するところも。形成外科専門医の資格をもち、長く続いていれば信頼できる。

グ（↓Ｐ70）といって、形成外科とは異なるコミュニケーション力や患者さんの希望を理解する美的センスが求められます。

医師が教育を受ける医療機関を「医育施設」といいます。経歴を確認する際は、形成外科と美容外科の研修を受けた医療機関が、どのような医育施設かまで確認すると安心です。最近は、美容外科を標榜する大学病院や一般病院が増え、美容外科の研修ができるようになりましたが、美容外科の医育施設はまだ少ないというのが事実です。

美容外科を標榜する医療機関は、個人の開業医や全国に系列があるチェーン医療機関もあります。こうしたところで研修すればよいのでは、と思われるかもしれませんが、これには現在の制度の問題点がかかわっています。

美容外科は形成外科に含まれますが、現在の日本の制度では医師免許をもっていれば、だれでも美容外科を標榜できます。そのため形成外科の研修を受けずに、内科や麻酔科などから、経験不問の大手チェーン医療機関に就職する医師があとを絶ちません。彼らは経験を積むとすぐに開業することが多いので、チェーン医療機関には熟練した医者が定着しません。

チェーン医療機関側でも、いろいろなことを教えると早くやめられてしまうからと、医師がすぐやめないように1つの治療法だけを教え、それ以外は行わせないようにする医療機関がありますす。このような医療機関では、まともな技術が身につくわけがありません。

開業医は、そうした医師ときちんと研修を積んだ医師とが混在し、技術の差が激しく、また、人員が少ないので日々の診療で忙しく、研修なども後回しになりがちです。どの医療機関がよいか見極めるのは難しいでしょう。やはり、医育施設としては大学病院などが信頼できます。

●専門医の資格を見分ける

形成外科専門医を認定し、日本中の形成外科医が所属しているのが「日本形成外科学会」です。学会に所属後、学会が認定した施設の形成外科で4年以上研修を受け、学会の試験を受けて合格すると、「形成外科専門医」と認定されます。

美容外科にも「日本美容外科学会」がありますが、「JSAPS」と「JSAS」という2つ

２つの日本美容外科学会の違い

２つの美容外科学会は、所属する医師の資格が異なります。形成外科学会を元にしているのがJSAPSです。

略称	JSAPS	JSAS
医師の経歴	大学などの形成外科での研修または研修済	医師免許があれば、どの診療科でもよい
美容外科の研修	形成外科学会が認定した大学病院、形成外科専門医が常勤する美容外科クリニックで研修	美容外科医院勤務
美容外科専門医受験資格	美容外科手術のすべての範囲にわたる診療実績の提出	美容外科での臨床経験を５年以上

（2019年現在）

の団体があります（↓上図）。どちらも専門医認定制度を設けているので、どちらの学会の専門医なのかを各学会のホームページで確認しましょう。ＪＳＡＰＳは、形成外科専門医資格をもつことが所属の条件になっています。ＪＳＡＰＳの美容外科専門医資格をもっていることも判断の目安になります。

なお、どの学会も所属していれば「会員」と呼ばれます。医療機関のホームページなどで医師の資格に「日本形成外科学会会員」と書かれている場合は、専門医ではない可能性もあるので十分に確認してください。

ＪＳＡＰＳの関連団体、「日本美容医療協会（↓Ｐ１８２）」に所属していることも、目安になります。日本美容医療協会は、医療のモラル・知識・技術の向上を目的とした団体です。

▼カウンセリングでよい美容外科医を見分けるには

実際に受診すると、本当にこの医師でよいのか迷ってしまうこともあるでしょう。ここでは、カウンセリングでよい美容外科医を見分けるポイントを解説します。

カウンセリングでは、医師が患者さんの話をよく聞き、患部の状態をみたうえで、医師が治療の方針を話します。よい美容外科医は、「患者の話をよく聞き、希望する適切かつ可能な手術について十分に説明する」「手術にあたっては熟練した技術を用い、適正な手術料金で行う」。どれもが重要で欠かせない要素です。

私は、カウンセリングが最も重要だと思っています。患者さんは一人ひとり顔かたちが異なり、希望も異なります。医師は患者さんの希望や患部の状態と自分の技術を慎重に比較して、患者さんに適した方法を提案できなくてはなりません。患者さんの望む方法が患者さんに適さないと判断したときには、変更・中止を納得してもらえるように責任をもって説明しなければいけません。ですからカウンセリングを重視している医師は信頼できるといえるでしょう。

逆に悪い美容外科医とは、「患者の話をよく聞かないで、簡単に安請け合いする」「不確かな技術で手術し、術後のフォローもせず、高額な料金を請求する」医師です。十分に話を聞いて適切な手術を決め、手術も必要な時間をかけて慎重に行わなければ、患者も医者も不幸になります。

●カウンセリングと執刀が別人の場合、すぐに手術を勧める場合は避ける

カウンセリングを専門の人や電話だけで済ませたりする医療機関は避けましょう。カウンセリングは、実際に執刀する医師本人が、人体の構造や治療に使われる技術や薬品・機器の知識を用いて、責任をもって行うべきです。

医療機関によっては「カウンセラー」などと称した人やカウンセリング専門の医師がいて、実際の治療は別の医師が行うケースがあります。初対面の医師に、体を任せてよいのでしょうか。こうしたクリニックをお勧めすることはできません。

また、カウンセリングの当日、すぐに手術を勧める医師も絶対に避けるべきです。患者さんが希望する部位以外の手術を勧めてくる医師もやめましょう。美容外科手術は、一度メスを入れたらあと戻りができません。だからこそ、カウンセリングで医師の考えや方針を聞いたあと、家族や友人にも相談して、冷静になって考え直す時間が必要です。もし納得できなければ、何度でもカウンセリングを受けてください。

ここまでの話をまとめると、よい美容外科医とは形成外科の研修を受けた形成外科専門医で、その後に何年か美容外科の経験を積んだ医師であり、また、医療機関の広告にあまり費用をかけず、カウンセリングで手術をする医師本人が話をよく聞いてくれるということがポイントである、ということです。

受診の予約から手術のあとまで

▼初めて受診するときは

下調べを経て、ここぞと思う美容外科医は決まりましたか？　では、医療機関に予約を入れましょう。直接電話するか、医療機関のホームページから予約することが多いでしょう。医療機関によって差がありますが、カウンセリングは30分ほど必要です。時間に余裕をもって受診できる日を選びましょう。予約時に、医療機関に確認することが2つあります。

1つ目は、カウンセリング料金です。保険適用なら1000円程度ですが、自費診療では一般的には3000～5000円程度です。時間が長かったり検査も含めたりする場合は1万円というところもありますので、予約時に確認しておくと安心です。カウンセリングだけなら無料という医療機関もありますが、カウンセリングの時間が短かったり手術を迫られたりとトラブルのもとになることもあるので、あまりおすすめできません。

2つ目は、カウンセリングを行う人です。執刀医が行う場合は問題ありませんが、カウンセラーなどの別の人が行う場合は予約するのをやめましょう。

カウンセリングで希望を伝える

受診時は、治療する部位を調べることもあります。顔の場合はできればノーメイクが望ましく、体の場合は脱ぎ着しやすい服装で受診してください。医師の説明を理解するために、第3章を読んで自分が希望する部位や術式について理解を深めておいてください。

受診したら、問診票を記入して提出します。公的医療保険を使用する可能性がある場合は（↓P62）、保険証も提出してください。

カウンセリングでは、自分の希望を伝えます。どの部位が気になっているのか、どうなりたいのか、考えていることを医師に伝えます。時にはあらかじめ写真などを用意しておいたり、二重手術のケースでは二重を作るアイプチなどの製品を使って、希望のラインを見せてもよいでしょう。

患者さんの希望を参考に、医師は皮膚の厚さなど患者さんの体の状態を確認し、術式の選択や切開部位などを検討していきます。その際、手術のメリットとデメリットも説明します。加齢や元に戻ろうとする体の反応の影響も受けますので、数年後、数十年後の術後の予測もきちんと聞いておきましょう。必要な場合は、手術の変更や中止を提案することもあります。手術の難易度や手術時間などをもとに、実際の手術料金も明らかになります。疑問点や不明点は、全部聞いておきましょう。

納得できなければ、もう一度予約をとってカウンセリングを受けましょう。術後に後悔したりトラブルになったりするよりは、医師に遠慮せず疑問点や不明点などを事前に明らかにすることが重要です。一人でカウンセリングを受けるのが不安なら、家族や友人に付き添ってもらうのもよいでしょう。もし医師が合わない・信頼できないと感じたら、別の美容外科医のカウンセリングを受けることも選択肢に入れてみてください。

医師にも、得意とする部位や術式があります。希望する部位・術式によって、医師が自分よりほかの医師のほうが優れている・適していると判断したら、その医師を紹介する場合もあります。医師の説明を聞き、他院の場合は予約を取り直し、紹介状をもって受診しましょう。

初回のカウンセリングで手術を決意できた場合も、その場で即決せず、手術の説明書や契約書類をもらって帰宅しましょう。いったん予約や契約をすると、解約時にキャンセル料を請求される場合もあります。手術の種類によっては、手術を予約するときに一部入金が必要な場合もあります。手術に使う材料をそろえるなどの準備のために使われます。また、一般的に手術当日のキャンセルは治療を受けなくても全額自己負担になることが多いです。自宅に持ち帰って手術内容や手術の金額だけでなく、契約・解約の規則についてもじっくり見直してください。

自宅で冷静に考えても納得できたら、契約し手術のための検査を行います。持病などの全身状

手術前後の流れ

手術前
- 受診、手続き
- 医師の診察

手術
（時間は手術内容による）
- 日帰りの場合、30分程安静後、帰宅
- 入院の場合、数日～２週間程度

帰宅後
- 医師の指示どおりに固定や消毒などを行う
- 定期的に受診

手術は受けたら終わりではなく、術後の抜糸や回復確認のためのアフターケアも重要です。術後の安静・消毒や受診の時期など、医師の指示は必ず守りましょう。

態によっては、手術日を再考する必要があります。喫煙者は、手術日まで禁煙してください。禁煙期間が長いほど、手術の合併症などのリスクを下げることができます。

手術と術後の生活

手術当日は、ノーメイクで来院してください。受付で手続きをしたあと、医師の診察があります。もう一度、患者さんの希望や手術方法などについて確認したあと、手術室へ移り手術となります。麻酔の方法や手術時間は術式により異なります。手術直前に、デザインといって、切開の部位や長さなどを皮膚にペンで書き込んで最終確認を行います。

日帰り手術の場合、術後30分間程度は、患部を冷やしたりして休んでから帰宅します。

帰宅しても、患部の固定や安静にする期間、消毒などの注意点を必ず守ってください。入院が必要な場合は数日～2週間程度になることが多く、その後は自宅で療養となります。

術後も、抜糸や患部の回復などを確認するために、定期的に受診が必要です。術後すぐに希望どおりの状態になるわけではなく、ダウンタイムという術後の腫れや赤みが治まるまでの回復時間が必要です。最初のうちは、生活にもある程度の制限がかかります。

抜糸は、術後1週間程度で行います。顔の場合、抜糸が済めばメイクも可能です。手術内容にもよりますが、腫れは1ヵ月～数ヵ月程度で落ち着き、赤みも半年程度で自然な状態になります。

ダウンタイムが終わるころ、多くは3～6ヵ月後の受診で患部の状態や患者さんの希望通りかを判断します。

手術後の回復には時間がかかります。回復の期間が十分にとれるように、スケジュールをやりくりして、手術の時期にも余裕をもちましょう。

美容外科も医療の1つです。信頼できる医師のもとで、治療を受けましょう。

また、術後の安静や消毒といった医師の指示は、必ず守ってください。ダウンタイム中は腫れが引くのか心配になる人も多いですが、焦らず回復に努めましょう。

第3章

教えて！
美容外科手術の
今とこれから

受診前に、治療部位の構造や手術の内容について、ある程度の知識をつけておくことをおすすめします。医師の話への理解が深まりますし、疑問・質問があれば受診時に解決することができます。この章ではよく行われる手術について一般的な方法、基礎知識をお話しします。

顔をきれいにしたい

二重まぶたをつくる

二重《ふたえ》まぶたの手術は、日本で行われる美容外科手術のなかで圧倒的に多く、全体の4割に上ります（↓P17）。一重《ひとえ》と二重のどちらがよいかは一概には言えませんが、一重で悩んでいる方からは、上まぶたが腫れぼったく垂れ下がっていると、暗い感じがするという声をよく聞きます。

西欧人は東洋人とは骨格が違うためもともと二重の人が多く、主に「平行型（↓P79）」といわれる広い二重になります。日本人の二重は「末広型」が多く、まぶたの薄い皮膚とまつげの内側にある「瞼板《けんばん》」が細い線維で癒着《ゆちゃく》してできています。眼瞼挙筋《がんけんきょきん》という筋肉が収縮してまぶたが引き上げられると、癒着部分の上の皮膚が被さることで二重になるのです。一重の人は癒着がないので、まぶたの皮膚はそのまま下がりまつげに当たるわけです。奥二重も、加齢や脂肪などにより皮膚がゆるんでまつ毛を押し下げるために起こります。

二重の手術には、「埋没法」と「切開法」があります。軽い眼瞼下垂がある人は、術式によって症状が悪化するので、術前の診察が重要です（↓P１５１）。

まぶたの構造

　まぶたを引き上げるのは眼瞼挙筋です。眼瞼挙筋と皮膚がつながっていると、二重になります。

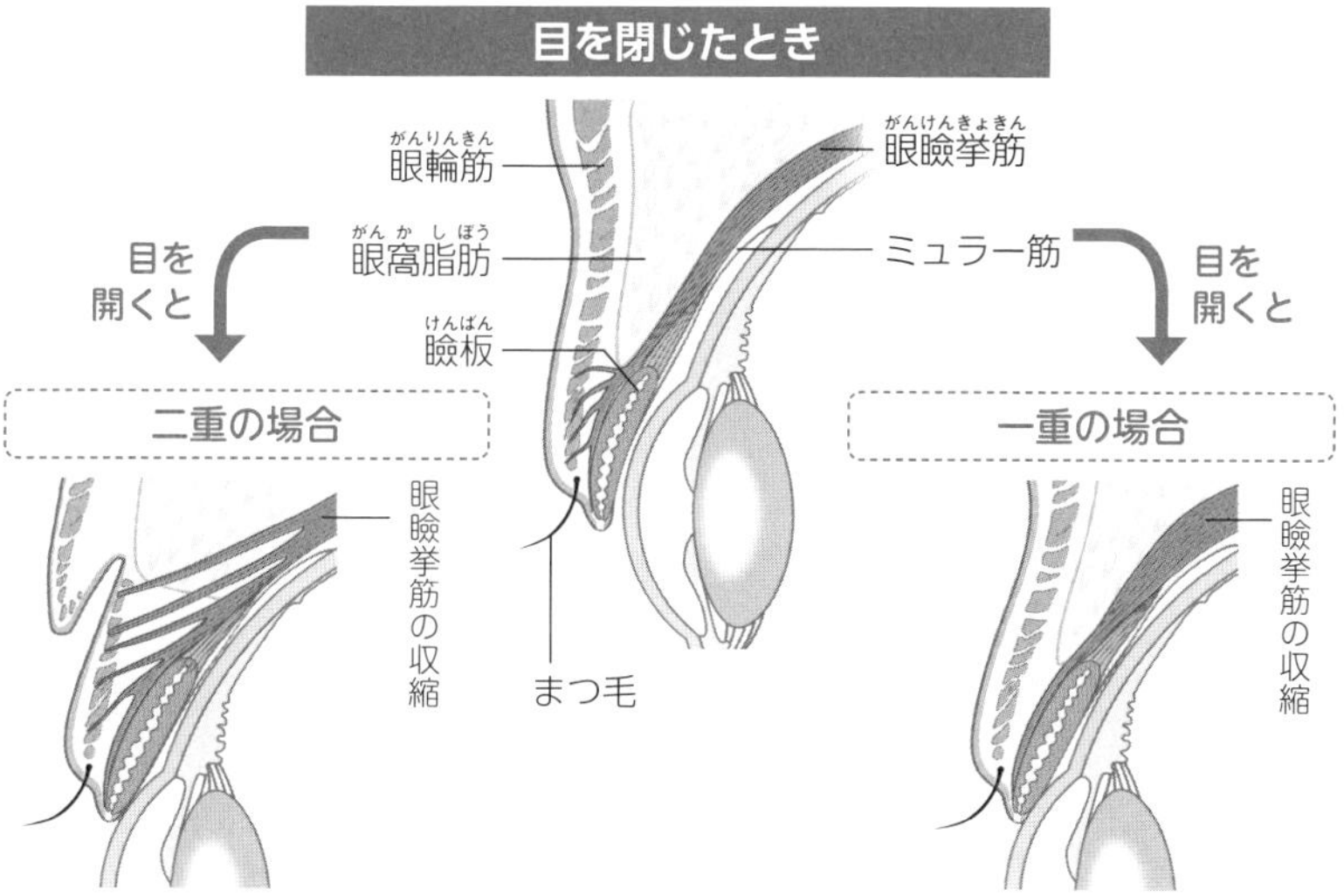

挙筋と皮膚がつながっているため、挙筋の動きが皮膚に伝わる。

挙筋と皮膚がつながっていないため、挙筋の動きが皮膚に伝わらない。

二重の形　二重をつくる手術では、二重の形、位置や幅も決めます。

① 二重の線の形

形には大きく分けて、下図のような末広型と平行型がある。

② 二重の線の位置、幅

二重の線（上眼瞼溝《じょうがんけんこう》）とまつ毛の距離。下図では色のついた部分。

末広型　東洋人に多い

平行型　西欧人に多い

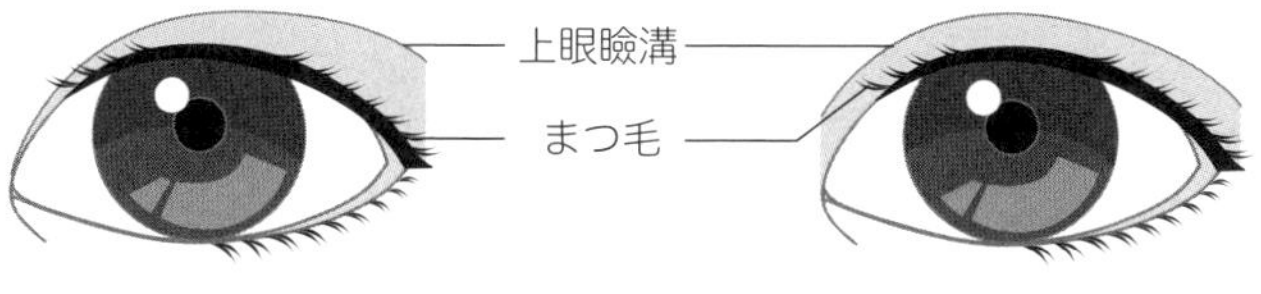

埋没法

費用の相場	（両側）８万円～
手術時間	（両側）30分程度
入院期間	基本的に日帰り

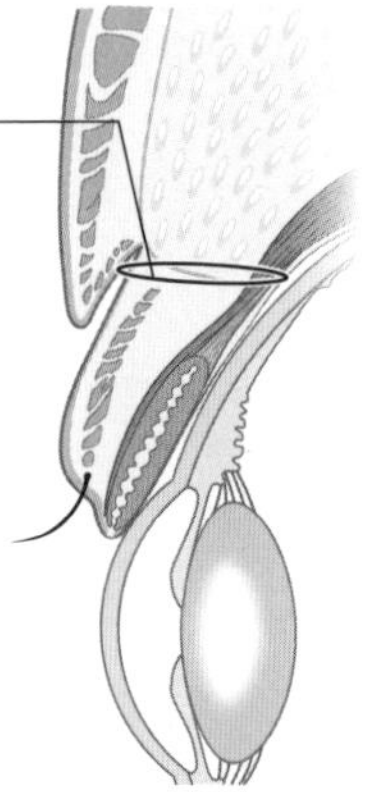

一般的な経過

手術当日	手術直後30分冷やして帰宅。自宅で安静にして冷やす。飲酒・入浴不可
手術翌日～３日後	最も腫れなどが強い。学校や仕事はOK、運動はNG。洗顔・洗髪可、シャワーのみ
４～５日後	メイクOK
１週間後	浴槽への入浴可
３週間後	腫れなどが大体落ち着く
２ヵ月後	腫れなどが完全に落ち着く

●手術の方法

埋没法では、細い糸を使って皮膚と瞼板またはその上の眼瞼挙筋を癒着させます。通常１～２ヵ所止めますが、ときには思ったようなラインにならず、３ヵ所止める人もいます。糸を縛る強さによっても、術後の結果が微妙に異なります。

無理に二重をつくると、糸が取れやすかったり思ったような二重の線にならなかったりします。まぶたの脂肪が多い場合もつくることができません。年とともに皮膚がたるみ、癒着部もゆるんでくるので、二重の幅が狭くなってきます。埋没法は簡便な方法ですので、効果は永続せず、限界があります。傷跡も残らずよいのですが、あくまで仮縫いと考えてください。

切開法

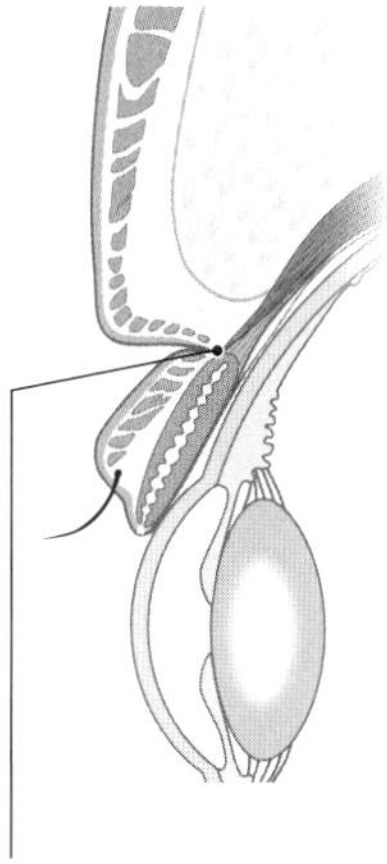

瞼板と皮膚を縫い合わせる

費用の相場	（両側）20万円～
手術時間	（両側）90分程度
入院期間	基本的に日帰り

一般的な経過

手術当日～3日後	注意点は埋没法と同じ（→ P80）。医師の指示どおりに傷口の消毒と固定を行う
1週間後	抜糸。腫れなどが落ち着き始める。コンタクトレンズとメイクOK。入浴可
1～2ヵ月後	腫れなどが大体落ち着く
6ヵ月後	傷も目立たなくなり自然な形に

切開法は直接皮膚を切るので、当然皮膚には跡が残ります。うまくていねいに手術すれば、あまり目立ちません。そうでないと醜く盛り上がった傷跡になりますので、熟練した形成外科医の手術を受けるようにしてください。

手術では、瞼板に直接皮膚を縫い付けます。同時に、皮膚や脂肪も少し取ることができます。切り取る幅などは年齢によって異なり、取りすぎると老けた感じになるおそれもあるので、術前の計画が重要です。

小切開法といって、小さな切開を2～3ヵ所加え、脂肪を少しずつ除去し瞼板との固定を行う方法もありますが、限界があります。目の状態は人によって異なりますので、手術前に十分話を聞きましょう。

目の周囲のしくみ

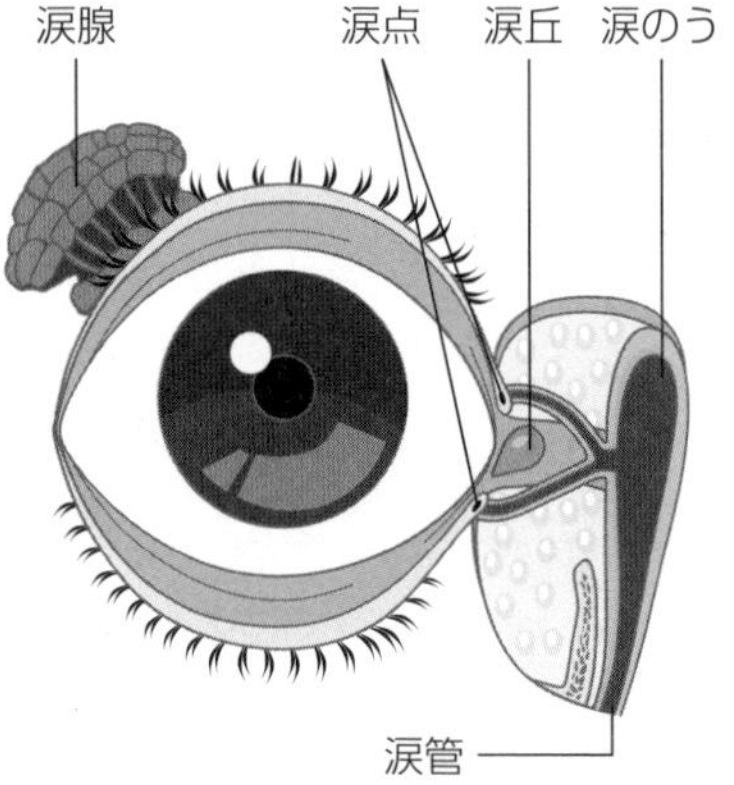

目の周りには、涙を分泌・排出するためのしくみが存在する。これらを動かすことはできない。

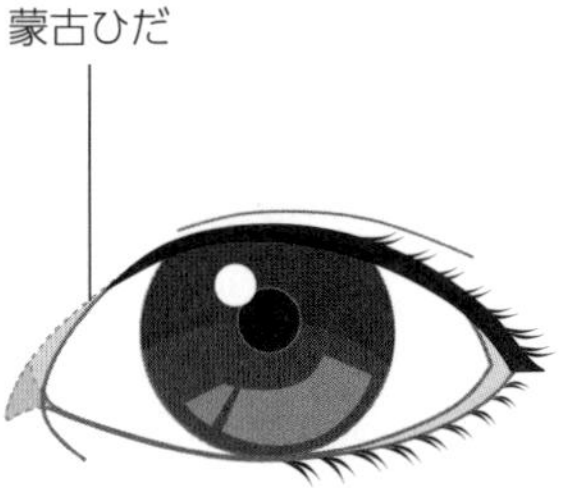

蒙古ひだは蒙古民族特有の、目頭にあるひだ。涙丘を覆うように存在する。

目を大きくする

以前より、目頭や目尻の切開で、目の横幅を広げる手術が行われています。どちらもまぶたの端を切開して開き、上下を別々に縫う方法で、ルーペを使って行います。確かに少し広げることができますが、目頭も目尻も複雑な形態をしていますので、事前の綿密な計画が重要です。

日本人などの蒙古《もうこ》民族には、目頭に蒙古ひだのある人が多くみられます。目頭の切開は、二重まぶたの切開法と同時におこなわれることが多く、平行型の二重まぶたをつくる場合によく選択されます。

目頭には涙丘《るいきゅう》とよばれる赤く隆起したところがあり、これが見えすぎると不自然です。

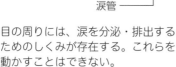

目頭切開（内眼角形成術）

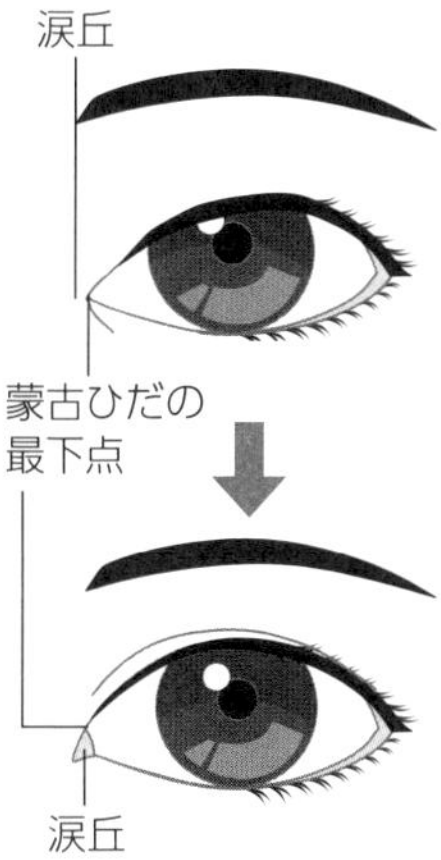

蒙古ひだの最下点は上まぶたに移動。
目頭側が大きくなる。

費用の相場	（両側）18万円〜
手術時間	（両側）90分程度
入院期間	基本的に日帰り

一般的な経過	
手術当日〜3日後	手術後の注意点・消毒・固定は切開法と同じ（→P81）。
1週間後	抜糸。コンタクトレンズとメイクOK。入浴可
2〜6ヵ月後	腫れなどが落ち着くが赤みが残る
1年後	傷が目立たなくなり自然な形に

上下のまぶたにはまつげがあり、まぶたの内側の白く見える瞼板には眼脂《がんし》（角膜を保護する油）を出す瞼板腺《けんばんせん》があります。瞼板の目頭側の上下には少し隆起した「涙点《るいてん》」という涙を取り込んで鼻の方に流す大事な穴があります。これは動かせないので、切りすぎると変な形になります。涙丘が見えすぎるのもよくありません。

目尻も同様に、あまり切りすぎるとまつげのない不自然な目尻になります。傷あとがケロイド状に赤く残ることもあります。目尻の下まぶたを下方に外反《がいはん》させる手術で皮膚を切除する手術法もあります。いずれの場合も元に戻すのは非常に困難です。

目の下のクマを消す

目の下のクマは、実年齢より老けて見える原因となります。下まぶたの皮膚は、周囲の皮膚と比較し非常に薄いのが特徴です。下まぶたの皮膚の下端は厚く眼の下にある骨と線維組織の膜によってハンモックのように繋がっています。皮膚が薄いため、少しの変化にも影響を受けます。

例えば、寝不足で下まぶたの水分が減ると、眼がくぼんでクマができます。いわゆる「青（紫）クマ」で、みずみずしさがなくなり皮膚にしわが入り、血管の色も混じりあって暗い色に見えます。反対に、飲みすぎや寝すぎでむくみが起こると、薄い皮膚が盛り上がって垂れ下がり、下に黒い影ができてクマのように見えます。この場合は「黒（影）クマ」と呼ばれます。アトピー性皮膚炎などで眼をこするクセのある人は、こする刺激によって皮膚が黒っぽくなります。「茶グマ」と呼ばれるもので、こすった部分でメラニンという黒い色素の産生が高まり、色素沈着するのです。

解剖学的には、眼の下にある眼球を保護している「眼窩《がんか》脂肪」が多い人や、年をとって眼輪筋《がんりんきん》がゆるんで眼窩脂肪が突出してきた人も、クマが現れやすくなります。そのままなら黒クマですが、眼の下が突出すると日光の紫外線を浴びやすくなり、やはり色素沈着が増加します。この場合は黒グマと茶グマが混ざっている状態といえます。

下まぶたの構造とクマの種類

　眼球は、靭帯《じんたい》に支えられています。眼球の周りには「眼窩脂肪」があり、クッションのように眼球を守っています。加齢とともに眼輪筋や靭帯がゆるむと、眼窩脂肪が押し出されて下まぶたが膨らみ、クマやしわができます。

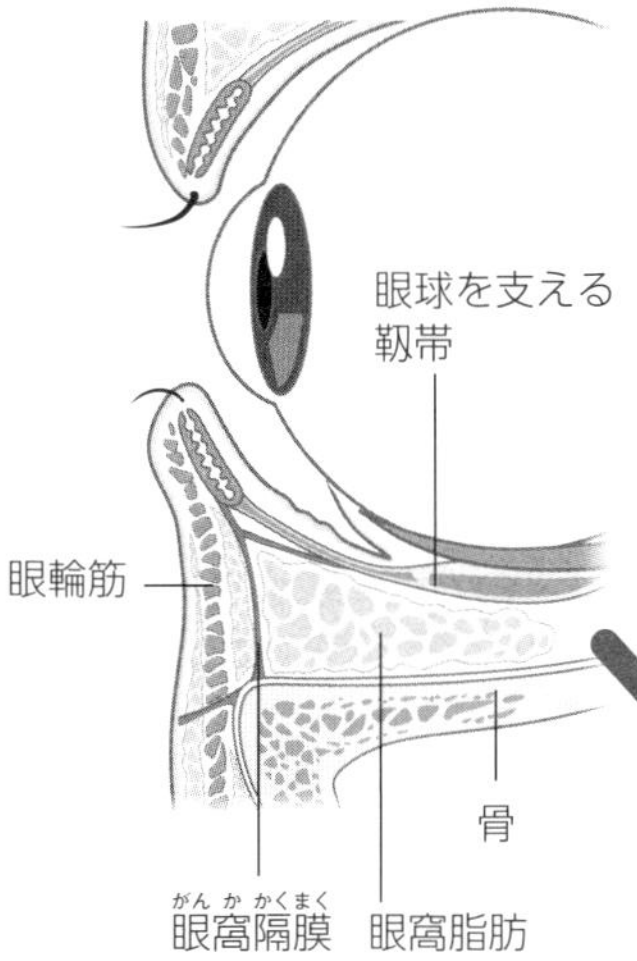

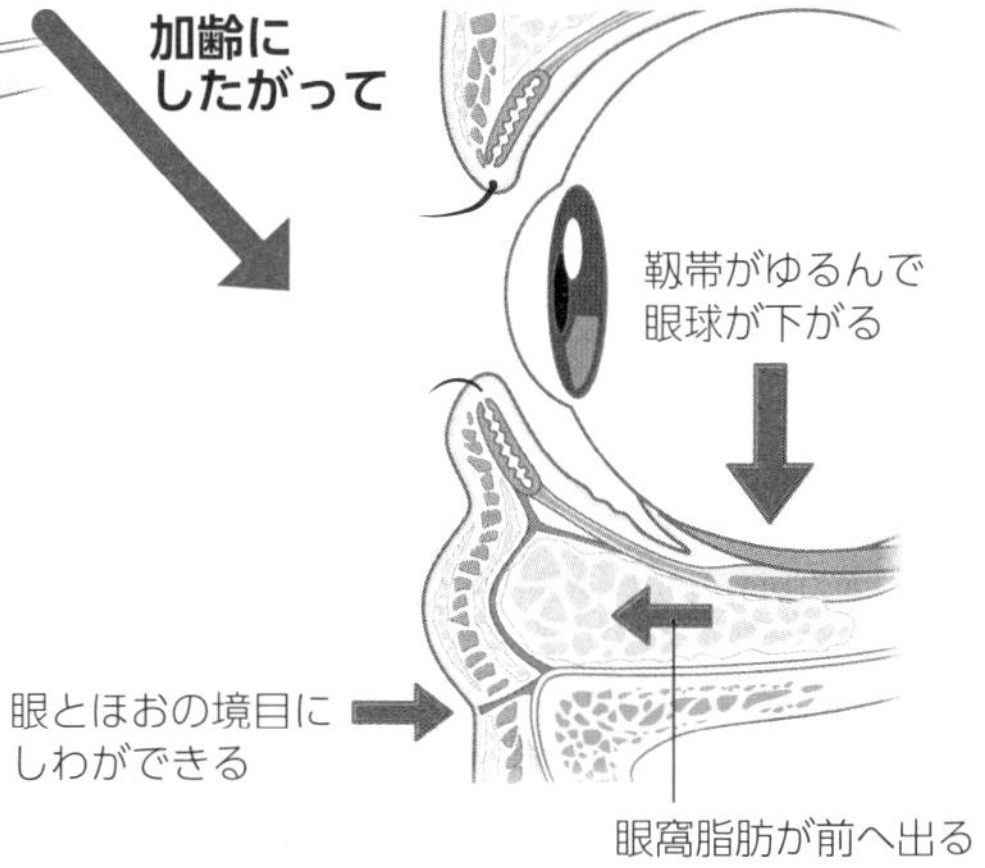

クマの種類と主な治療法

　クマは大きく３つに分かれます。加齢によって増えるのは黒クマで、まぶたのふくらみが特徴です。

種類	主な原因	主な治療法
青（紫）クマ	寝不足などによる血行不良	睡眠不足の改善やマッサージによる血行改善など
黒（影）クマ	飲みすぎや寝すぎによるむくみ、加齢による靭帯のゆるみ	マッサージによるむくみ改善、レーザー治療など
茶グマ	紫外線や刺激による色素沈着	レーザー治療

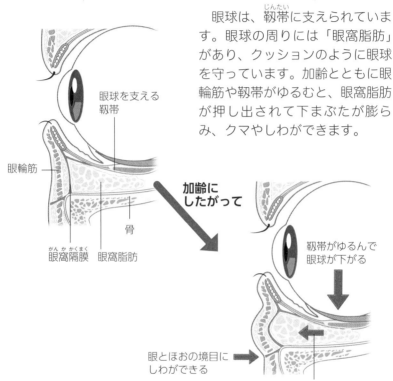

クマを治すには、睡眠時間や疲労など生活習慣を見直すことから始めます。そのうえで皮膚の色素沈着を確かめます。薄い色素沈着がある場合には、レーザー治療が行われます。Q《キュー》スイッチヤグ（YAG《ヤグ》）レーザーかルビーレーザーが適しています。色素沈着が取れると、かなり見た目もよくなります。毛細血管の拡張があるときには色素レーザーも効果があります。小じわには、皮膚を引き締めるレーザーやIPL《アイピーエル》という光治療も効果があります。

レーザーによる効果にも限界があり、最終的には手術療法になります。比較的若い人で、脂肪の突出も皮膚のたるみも軽い場合には、眼の内側の結膜を小さく切開して脂肪を少し除去します。年齢的に皮膚が弛緩してきた人も皮膚を切除し脂肪を除去します。まつげの下を横に切開し、皮膚を剝離《はくり》して眼輪筋を出します。さらに眼輪筋を切開して奥から脂肪を取り出します。眼輪筋は外側に引き上げて固定し、余った皮膚を切除します。このとき皮膚を切除しすぎると、下まぶたが外側に向く「外反《がいはん》」が起こります。外反があると、口を開けて笑ったときにあかんべーの状態になって見た目も悪く、涙が出て痛みも生じることもあります。外反を防ぐため、切除する前にいったん仮止めし、外反が起こっていないかを確認し調整する必要があります。下まぶたの内側を切開する方法も、雑に行われると後遺症を残すおそれがあります。

下まぶたの手術は微妙な調整が必要なため、患者さんが希望するようには完全に改善できないこともあります。主治医とよく相談して、手術を受けるかどうかを検討してください。

下まぶたのクマを軽減する手術

皮膚のたるみが軽い場合

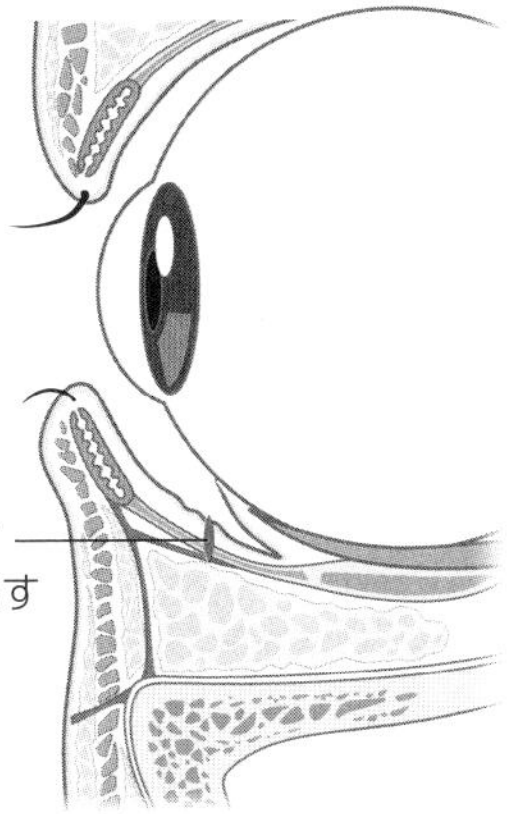

若い人などで皮膚のたるみが少なければ、まぶたの内側を切開し、脂肪を少し出します。

皮膚のたるみがある場合

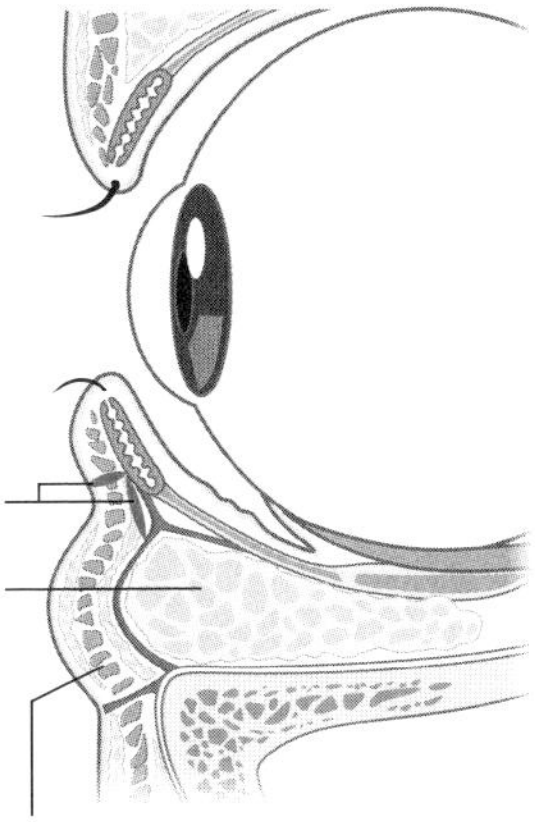

まつげの下の皮膚と眼輪筋を切り、脂肪を出します。眼輪筋を引き上げ、余った皮膚を切除します。

費用の相場	（両側）25万円〜
手術時間	（両側）120分程度
入院期間	基本的に日帰り

一般的な経過

手術当日〜	手術直後1時間程度冷やして帰宅。術後の注意点はP80と同じ
1週間後	抜糸。抜糸後コンタクトレンズとメイクOK。入浴可
2〜4週間後	下まぶたが一時的に下がることもあるが治まる
2〜3ヵ月後	皮膚が硬く黒ずんでいる感じがあるが、3ヵ月で自然になくなる

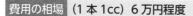

涙袋形成術（ヒアルロン酸注入）

費用の相場	（1本1cc）6万円程度
手術時間	（両側）30分程度
入院期間	基本的に日帰り

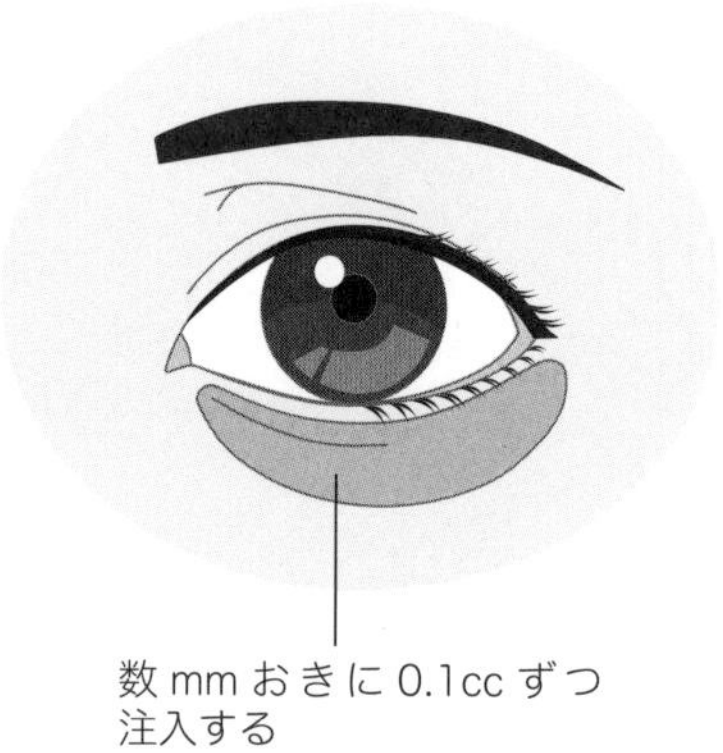

一般的な経過

手術当日	手術直後10分程度冷やして帰宅。洗髪・洗顔可
手術翌日～3日後	腫れが引いてくる。メイク、飲酒・運動、入浴OK（長湯はNG）
1週間後	受診して回復をみる

▼下まぶたをぷっくりさせる

近年流行しているのが、下まぶたをぷっくりさせる、いわゆる「涙袋《なみだぶくろ》」の形成です。涙袋は笑ったときにできる下まぶたの膨らみで、通常は眼輪筋が収縮することによってできます。涙袋がしっかりあると、目が大きく見え、笑っている印象が強くなります。

涙袋の形成で最も簡便な方法は、ヒアルロン酸の注入です。下まぶたのまつげの下に注入します。ヒアルロン酸は時間がたつと吸収されてなくなってしまいますが、目の下は比較的吸収されにくい部位ですので、一度入れると1年程度保持され、元に戻っても再度注入することができます。目の下は小じわができやすい部位なので、ヒアルロン酸を入れることで小じわが消えることも期待できます。

鏡を見ながら注入量を調整します。多すぎると下まぶたがふくらんで老けた印象になります。思うようにいかなかった場合、費用はかかりますが、溶解剤を使うことで元に戻せます。

脂肪を注入する方法もあります。おなかから吸引した脂肪（↓Ｐ１２８）をヒアルロン酸と同じように下まぶたの際に注入します。注入量の半分程度が生着し、ヒアルロン酸と違って半永久的に残ります。脂肪は均等に注入するのが難しく、デコボコした涙袋になってしまうことがあります。元に戻したい場合は手術で取り出す必要があります。

きれいな涙袋ができるかは、もともとのまぶたの状態にもよります。下まぶたに脂肪によるふくらみができていると、注入する方法ではうまく涙袋ができないことがあります。

涙袋は、流行という側面が強いように感じます。ヒアルロン酸以外の方法は元に戻すのが難しいので、本当に必要かどうかを考えてから治療を受けましょう。

▼鼻を整える

低い鼻を高くするには、シリコンプロテーゼやハイドロキシアパタイトなどの人工物のほか、自分の軟骨や骨を入れる方法があります（↓Ｐ32）。それぞれ一長一短がありますので、主治医とよく相談して決めましょう。最もポピュラーなのはシリコンプロテーゼを挿入する方法で、自分に合った形や長さを選択します。

鼻翼《びよく》が広がった「あぐら鼻」には鼻翼縮小術を用います。鼻翼の外側をくさび型に切り取って小さくし、内側に丸めます。一見簡単なように思えますが、切り取るときの加減が重要です。なかには、切り取られすぎて鼻で息を吸うのが苦しいという人もいます。

鼻尖部《びせんぶ》が丸く大きい「団子鼻《だんごばな》」には鼻尖形成術（↓P92）が用いられます。日本人は皮膚が厚く鼻の軟骨が薄い場合が多く、軟骨を部分切除し皮膚をできるだけ薄くして縮小しようとしても、あまり思ったような効果が出ません。鼻尖だけ少し出したいときには、耳の軟骨を移植して前に出します。下方向に伸ばしたいときには硬い肋骨《ろっこつ》の軟骨《なんこつ》を使って皮膚を伸ばしますが、自分の肋軟骨を用いる場合には胸に傷が残ります。韓国などで人や家畜の肋軟骨を処理した物を使った方法があり、日本でも用いるクリニックがあります。一時的には効果があっても、いずれ異物反応や壊死《えし》によって形が崩れ、吸収されると考えられます。

最後に、大きすぎる鼻や垂れ下がった鼻に対しては整鼻術《せいびじゅつ》がありますが、日本人ではあまり多くありません。この方法では、鼻孔《びこう》の縁から鼻柱《びちゅう》の根元まで切開し鼻の皮膚を剥《は》がして持ち上げ、鼻の奥の骨や軟骨を小さくし鼻翼も縮小して鼻尖を上げます。鼻の真ん中が突出している場合には削って低くします。かなり大がかりな手術ですので、入院して全身麻酔で行います。

鼻の形は特に一定の形や比率があるわけではなく、顔の大きさや目、口などとのバランスが大

✦ 隆鼻術と鼻翼縮小術 ✦

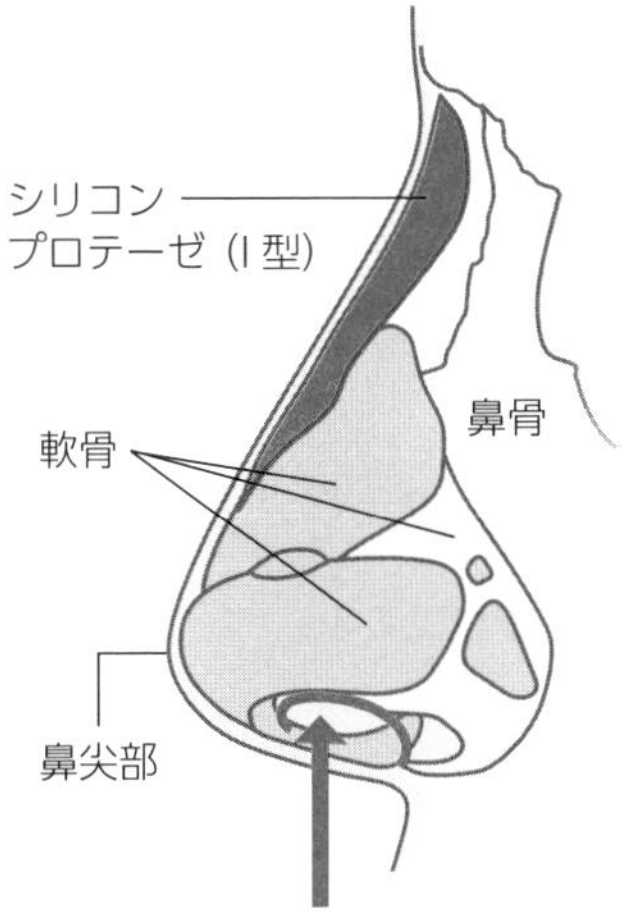
鼻の中を切開してプロテーゼを
挿入する

隆鼻術（シリコンプロテーゼ挿入法）

費用の相場	30万円〜 （ヒアルロン酸注入は10万円〜）
手術時間	2時間程度
入院期間	基本的に日帰り

一般的な経過

手術当日〜	手術直後1時間程度冷やして帰宅。数日間テープで固定する。傷口は医師の指示通り消毒する。
10日後	抜糸
1〜2ヵ月後	腫れなどが落ち着く

鼻翼縮小術

費用の相場	（両側）25万円〜
手術時間	2時間程度
入院期間	基本的に日帰り

一般的な経過

手術当日〜	手術直後1時間程度冷やして帰宅。数日間テープで固定する。傷口は医師の指示通り消毒する。
10日後	抜糸
1〜2ヵ月後	腫れなどが落ち着く

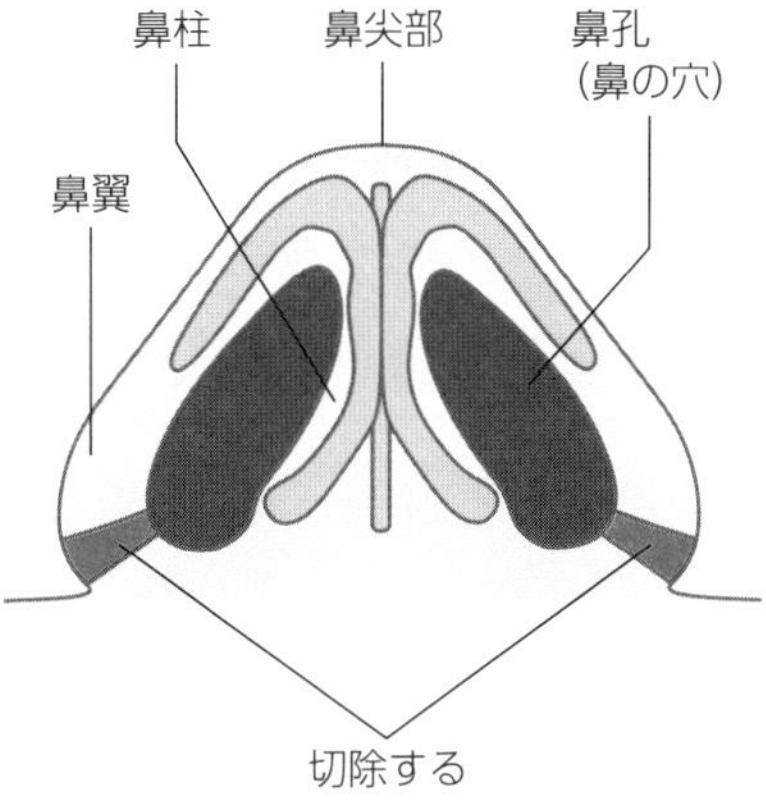

鼻尖形成術

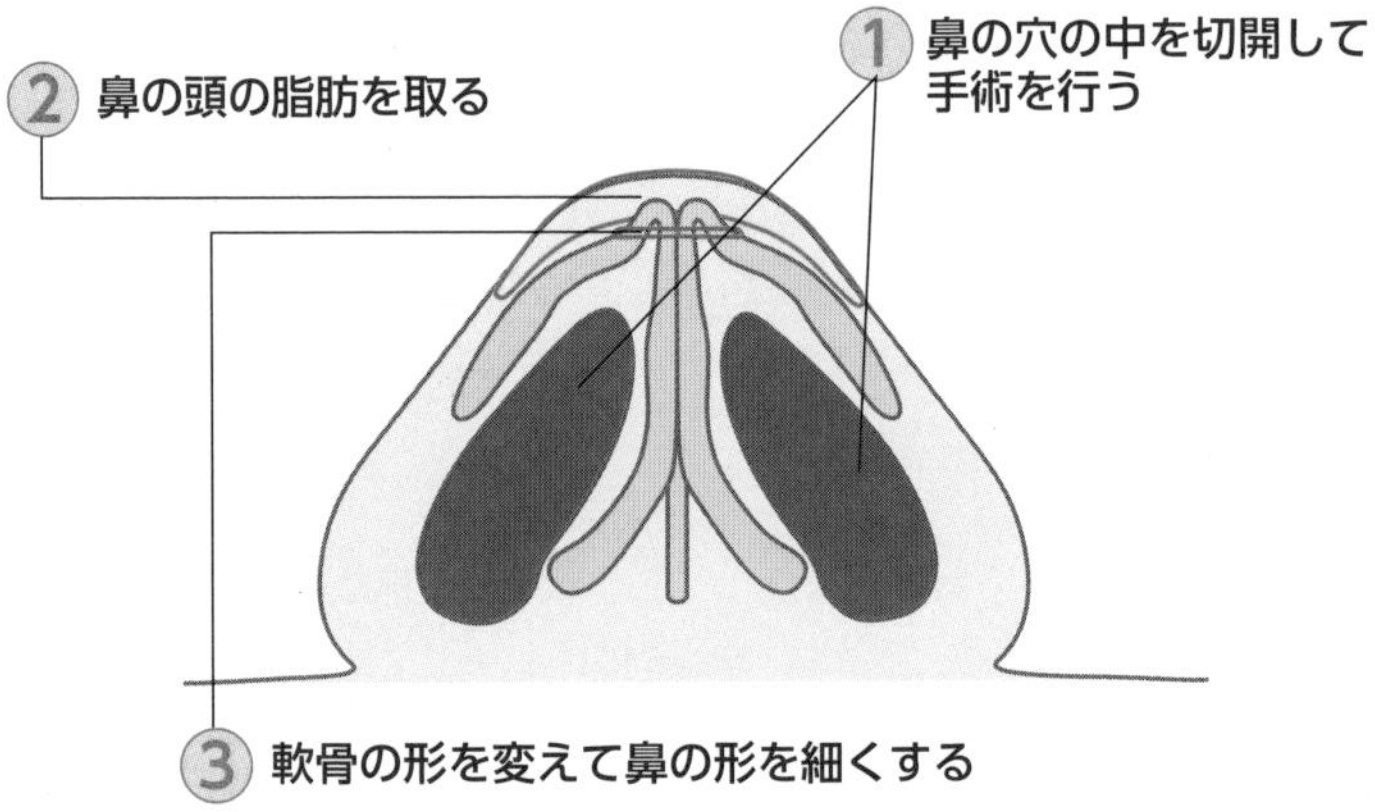

耳などの軟骨を入れる場合

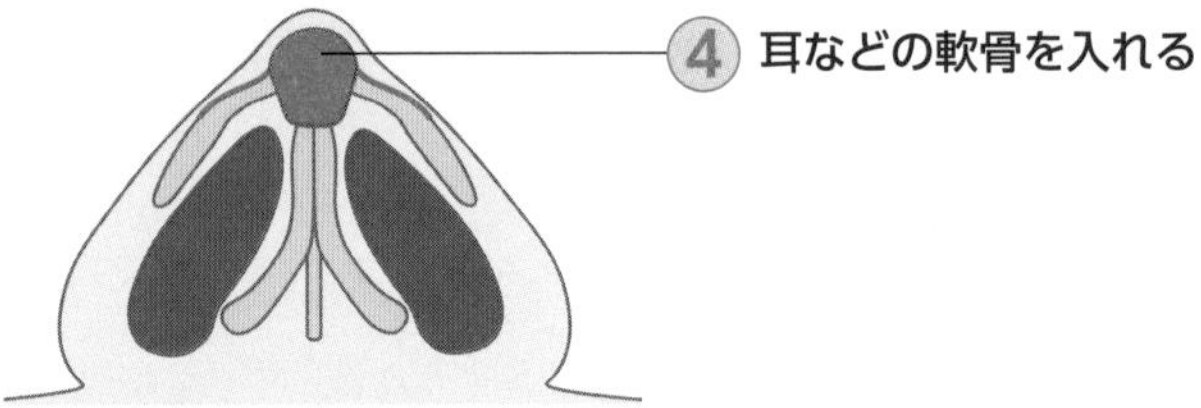

費用の相場	30 万円〜（軟骨移植の場合は 50 万円〜）
手術時間	2 時間程度
入院期間	基本的に日帰り

一般的な経過

手術当日〜	手術直後 1 時間程度冷やして帰宅。術後の注意点は P80 と同じ。数日間テープで固定する。傷口は医師の指示通り消毒する。
10 日後	抜糸
1 〜 2 ヵ月後	腫れなどが落ち着く

切です。しかし、一度気になり始めると、自分に合う形の鼻があるはずだと悩み、袋小路に入る人もいます。誰が見ても納得する形に変えられるとよいのですが、難しいケースが多く、トラブルになりやすい部位です。「鼻につく」という言葉があるように、理想の鼻を追い求めすぎるより目立たない程度の鼻がよいと考えることも重要です。

▼口や唇を大きくする

口唇《こうしん》の周りには口輪筋《こうりんきん》とよばれる筋肉があり、口を閉じる働きをしています。赤い唇にも筋肉があります。両端の口角には、口を開けた場合に皮膚が伸びるゆとりがあります。たくさんの筋肉が引っ張り合って口唇の形を保っていますので、口への手術は目と同じほどには効果が期待できません。口唇裂《こうしんれつ》の患者さんや、外傷などで片側が短くなった患者さんなど、やむを得ない事情のとき以外には、あまり推奨できない手術です。

口を大きくする場合、口角を横に切って広げる方法があります。切るだけではなく、赤い唇を自然な形で横に広げるために、口角の近くで赤唇《せきしん》の上の皮膚を適度に取り、口腔《こうくう》内の粘膜を少し表側に出すように引っ張って縫合します。口を開いたとき、口角に引き連れが起こらないよう工夫が必要です。ていねいに行わないと、キレイな唇の形にならず目立つ傷跡が残ります。

口唇の厚さを薄くするときは、単純に横方向に切除します。切除するのは、口紅を塗る部分と

口の手術

口を大きくする手術

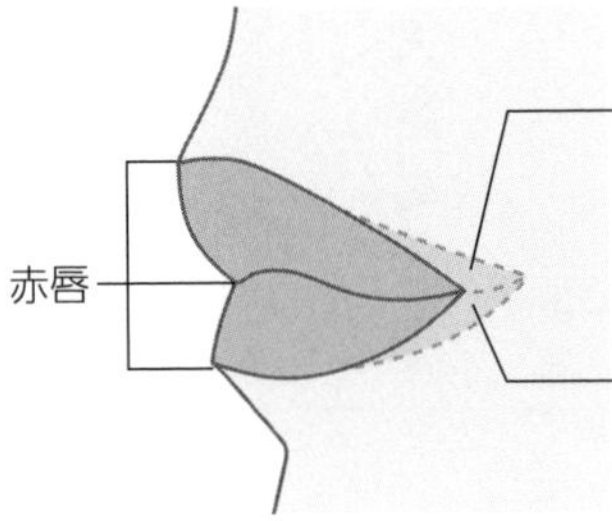
① 口角を切開する
② 皮膚を切除し口内の粘膜を引き出す

唇を薄くする手術

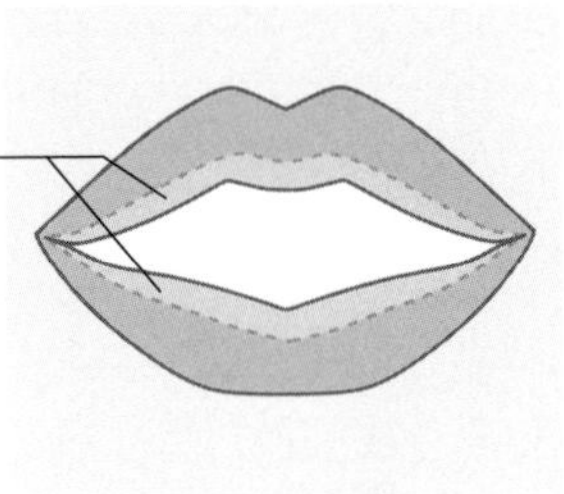
① 内外の境界線で切除する
② 内部の粘膜や組織を切除する

費用の相場	（手術）15万円～、（ヒアルロン酸注入）6万円～
手術時間	1～2時間程度
入院期間	基本的に日帰り

一般的な経過

手術当日～	手術直後20分程度冷やして帰宅
2週間後	抜糸。抜糸後入浴可
2～3週間後	腫れなどが落ち着く
2～6ヵ月後	傷跡の硬さがなくなり自然な状態になる

内側のぬれた粘膜との境目です。上下とも薄くする場合は、上と下の切開線が交わらないようにします。交わると、口を開いたときに傷跡が引き連れて痛みます。

唇にボリュームをもたせたいときに、最もよく行われているのはヒアルロン酸の注入です。少し硬めの種類を使用すると、1年以上長持ちします。ほかの場所から採取した脂肪を針で注入する方法もありますが、手間がかかり吸収されることもあります。注入された脂肪は、もむと比較的早く吸収されますが、硬めのヒアルロン酸はすぐには吸収されません。主治医の話をよく聞いて選択して下さい。

ピアスのトラブルを治す

耳は、周りの丸く隆起している「耳輪《じりん》」、その内側のＹ《ワイ》の字状に隆起した「対耳輪《たいじりん》」、下に垂れ下がった「耳垂《じすい》」から成ります（↓Ｐ96）。ピアスは耳垂につけます。

いちばん多いトラブルは穴がいつまでもジクジクしている場合です。まずは消毒薬と抗生物質が含まれる軟膏によって治療しますが、単なる化膿か金属アレルギーによるものか、はっきりしない場合は皮膚科を受診してアレルギー検査を受けてもらうことになります。原因が金属アレルギーのときには、ピアスの材質に注意するしかありません。

治癒に時間がかかった場合、しばしば穴の部分が赤く盛り上がり、肥厚性瘢痕《ひこうせいはんこん》やケロイドになります。どちらも手術的に切除して、術後はテープによる圧迫固定がしばらく必要です。テープだけでは再発するケロイド体質の人には、電子線のような放射線照射が必要になります。

穴が化膿すると、ピアスの留め金やピアス自体が皮膚の中に埋もれてしまうこともあります。どうしても取れないときには医療機関で局所麻酔をして取り出す必要があります。

さらに、ピアスを衣服などに引っかけて皮膚が裂けてしまう「ピアス裂傷《れっしょう》」もあり、この場合も形成外科などで縫合することになります（→P98）。

耳の部位名

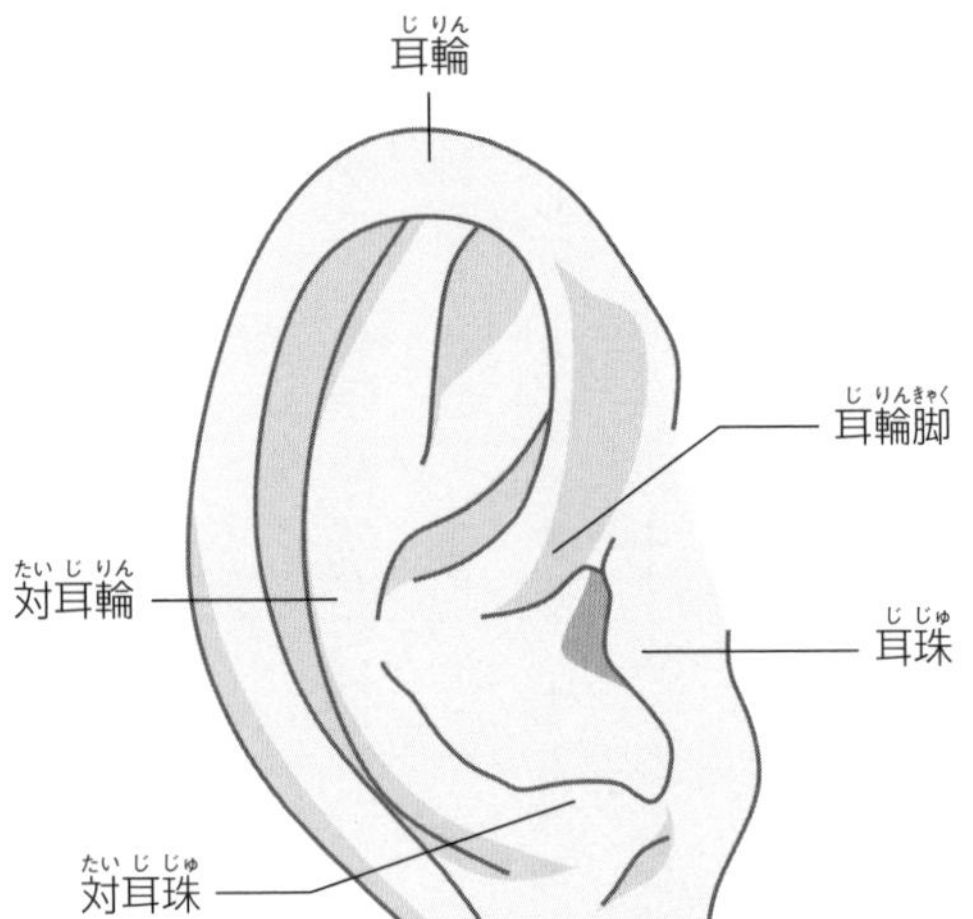

立ち耳と折れ耳

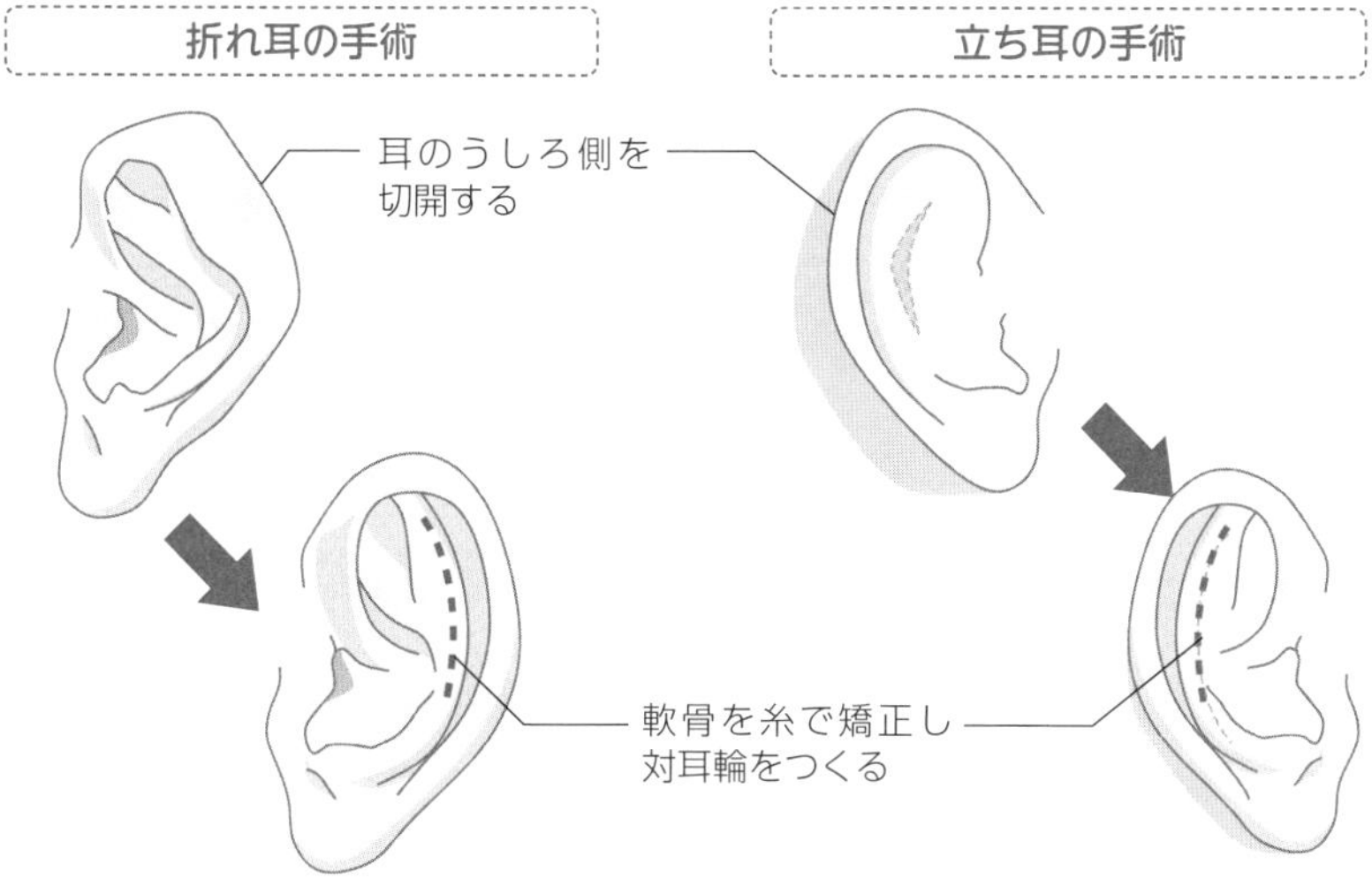
折れ耳の手術
立ち耳の手術
耳のうしろ側を
切開する
軟骨を糸で矯正し
対耳輪をつくる

生まれつきの耳の形を治す

耳の形の問題として多いのは、「立ち耳」と呼ばれる耳が立った状態で、正面から耳がはっきりと見えるタイプです。頭と耳介の角度が30度以上の場合に診断されます。欧米では気にする人も多く、幼少時に手術します。

手術は耳の裏側に切開を加えて耳介軟骨を操作し、対耳輪の高まりを作り、耳を寝かせます。手術時間は片側30分～1時間程度です。大人は局所麻酔で日帰り手術ですが、子どもは全身麻酔ですので入院が必要です。

耳が前に折れて垂れ下がった「折れ耳」も対耳輪の形成不全によっておこることが多く、立ち耳と同じく耳の裏側を切開し軟骨形成を行います。ときに耳介のほかの場所から

埋没耳と耳垂裂

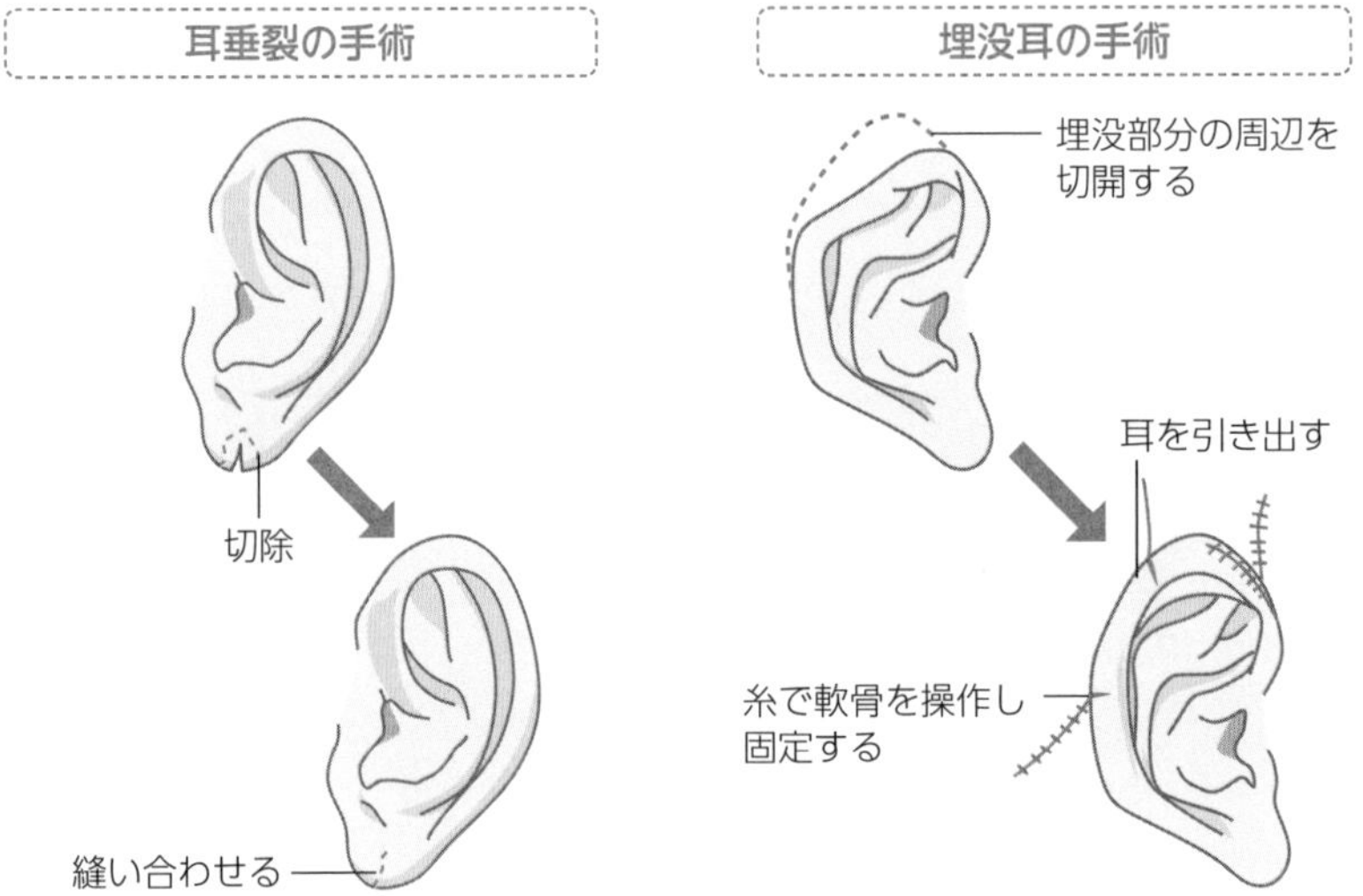
耳垂裂の手術
切除
縫い合わせる
埋没耳の手術
埋没部分の周辺を
切開する
耳を引き出す
糸で軟骨を操作し
固定する

軟骨をとって移植することもあります。

「埋没耳（袋耳《ふくろみみ》）」は、耳輪の上部が皮膚に潜っていて、引っ張ると出てきて、離すとまた潜ってしまいます。マスクも掛けにくいため、潜っている耳の周りに切開を加えて耳を引き出し、軟骨を固定します。操作がかなり複雑な手術になることも多く、入院して受けたほうが安全です。

ピアス裂傷（後天性耳垂裂《じすいれつ》）や生まれつき耳垂が裂けた状態になっている「耳垂裂（先天性耳垂裂）」は、裂けたところをうまく縫合することによって治せます。極端に耳垂が小さい場合は「耳垂欠損《けっそん》」と呼び、この場合には周囲の皮膚を利用して足りない部分を作ります。耳垂欠損かそれとも単に小さいだけかは両側の耳を比較するとわかります。

耳瘻孔

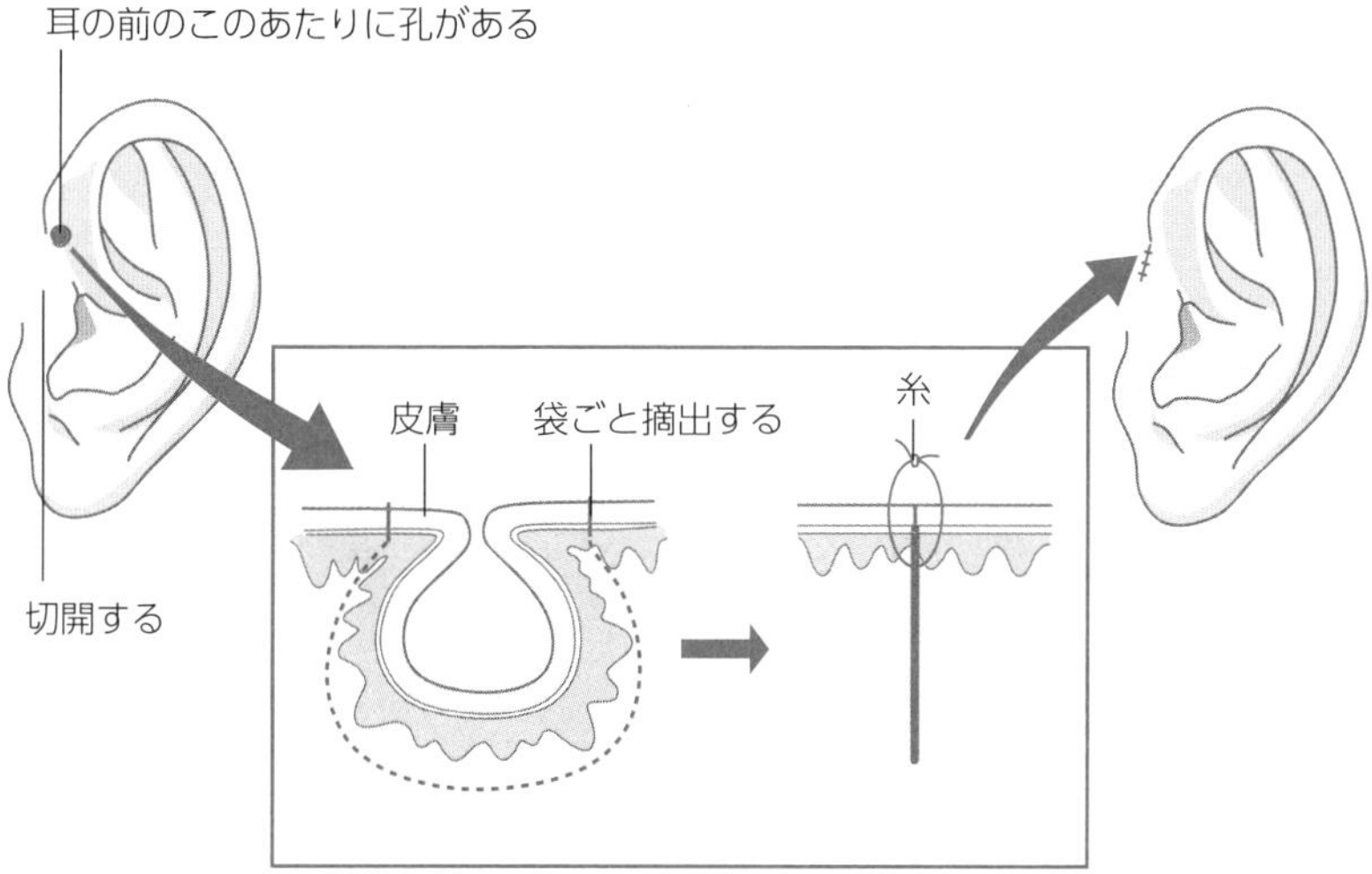

最後に、「先天性耳瘻孔《じろうこう》」についてお話しします。耳瘻孔は耳輪の付け根に小さな穴があるもので、かなり多くの人に認められます。一生化膿せずに終わる人もいますが、一度でも化膿したことがある人は、摘出したほうがよいといわれています。耳瘻孔も、耳ができる過程において皮膚の融合がうまくいかずにできたもので、瘻孔の先は盲端《もうたん》（袋状）になっています。

孔からうまく皮膚の垢《あか》が出ている場合はよいのですが、うまく出ていかずに中で炎症を起こすと赤く腫れ上がり、痛みとともに膿が出ます。炎症を起こした場合、化膿が落ち着くのを待ってから、改めて摘出手術を行うことになります。なるべく早めに摘出することをおすすめします。

美肌になりたい

▼ニキビとニキビ跡の治療

いわゆる「ニキビ」は医学的に「尋常性《じんじょうせい》ざ瘡《そう》」といい、治療は症状によって異なります。

●発生中のニキビ

ニキビはもともとアクネ菌が原因になるので、治療は抗生物質「ミノサイクリン」の内服薬と「クリンダマイシン」の外用薬を勧められます。女性で月経（生理）時などに悪化するタイプでは、漢方薬の「ヨクイニン」などの内服も効果があるようです。赤く膿をもったものは自分で圧出すると跡が残りやすいので、皮膚科で治療した方がよいでしょう。ここまでの治療は健康保険が適用できます。

●ニキビ跡の赤み・色素沈着

ニキビ跡の赤みがなかなか取れないときには、ロングパルス色素レーザー、半導体レーザーなどでの治療が効果的です。色素沈着に対してはQ《キュー》スイッチルビーレーザー、Qスイッチ‐YAG《ヤグ》レーザーなどが効果的で、毛穴が開いて気になるような人にはIPL《アイピーエル》という光治療器も毛穴の引

ニキビのでき方

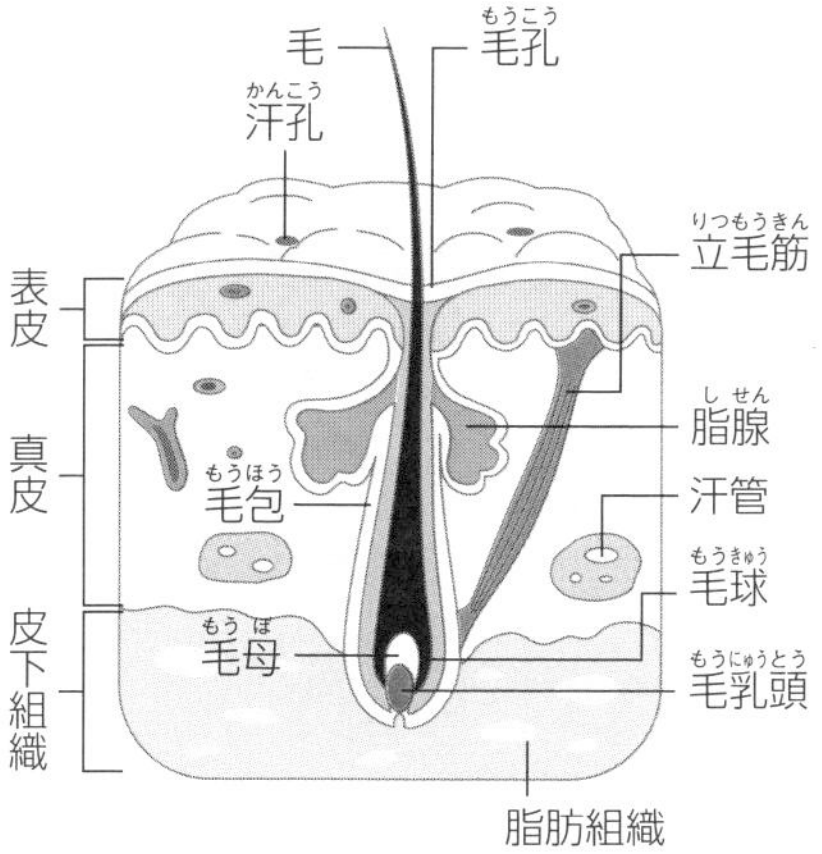
毛
毛孔《もうこう》
汗孔《かんこう》
立毛筋《りつもうきん》
表皮
真皮
皮下組織
脂腺《しせん》
毛包《もうほう》
汗管
毛球《もうきゅう》
毛母《もうぼ》
毛乳頭《もうにゅうとう》
脂肪組織

皮膚は3層構造。ニキビは毛穴の中、真皮にある脂腺にアクネ菌などの細菌が増殖して起こる。

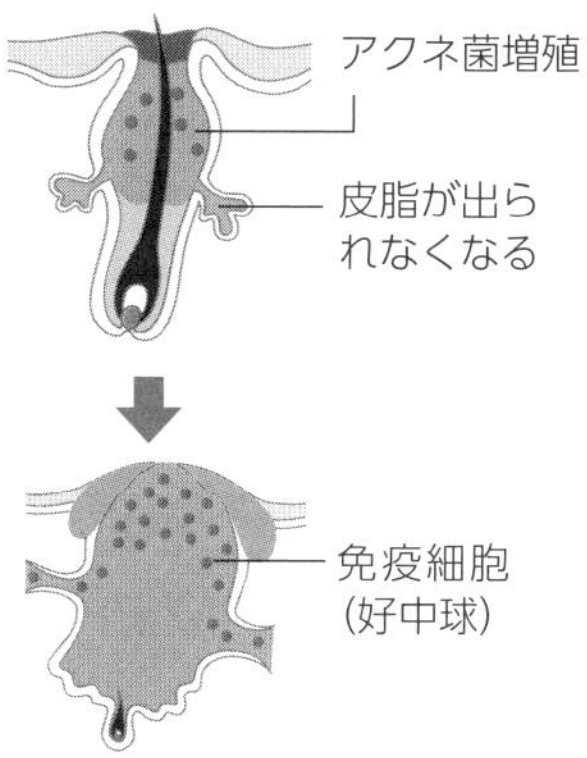
アクネ菌増殖
皮脂が出られなくなる
免疫細胞
(好中球)

細菌を排除するために、免疫細胞が炎症を起こす。炎症の影響で周囲の組織も傷つく。何度もくり返すと、深くまで傷つき跡になる。

レーザー治療と光治療は種類が多い

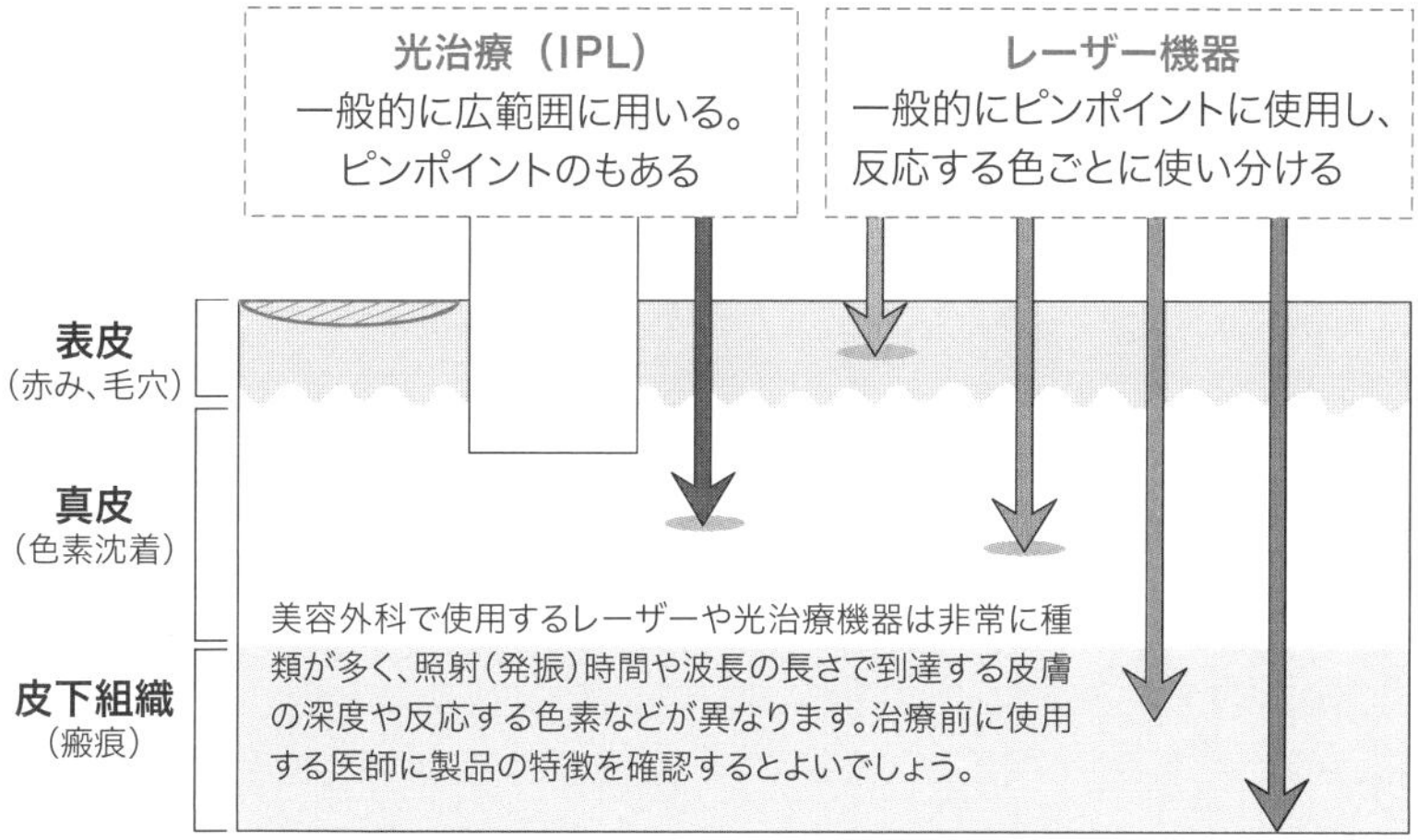
光治療（IPL）
一般的に広範囲に用いる。
ピンポイントのもある
レーザー機器
一般的にピンポイントに使用し、
反応する色ごとに使い分ける
表皮
（赤み、毛穴）
真皮
（色素沈着）
皮下組織
（瘢痕）
美容外科で使用するレーザーや光治療機器は非常に種類が多く、照射（発振）時間や波長の長さで到達する皮膚の深度や反応する色素などが異なります。治療前に使用する医師に製品の特徴を確認するとよいでしょう。

ケミカルピーリング

費用の相場	ニキビ跡のしみの場合、1回1万円
薬剤	グリコール酸、サリチル酸、トリクロル酢酸、乳酸などを、目的や肌質に応じて選択

一般的な経過

施術中	ピリピリとした刺激がある。
施術後～2・3日	日傘や帽子で日よけをして帰宅。治療部位に赤み、カサつきが起こるので、しっかり保湿する
2週間後	再び施術。体質や重症度などによるが、6～10回程度で効果が実感できる

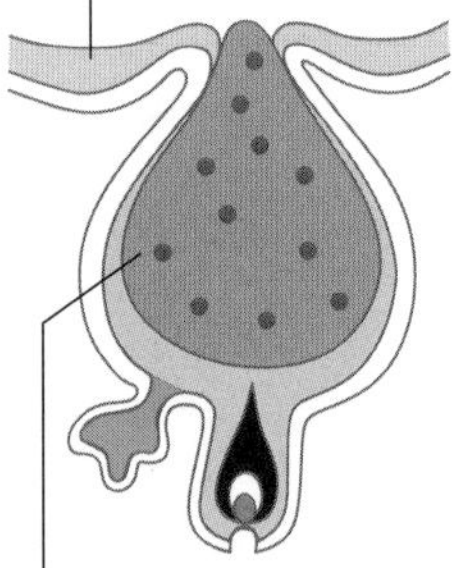
薬剤を塗って角質（表皮の最表層）を削り、毛穴に詰まった皮脂を取り除く
毛穴の詰まりが開通し、ニキビが起こりにくくなる

き締め効果と美白作用があり、よく使用されます。

●ニキビ跡の瘢痕《はんこん》

ニキビが完全に治ったあと、小さな浅い瘢痕が残った場合には、「アブレーション法」という、皮膚を浅く削って目立たなくする方法があります。効果はありますが、削りすぎるとかえって大きな瘢痕となり、盛り上がることがあります。日本人は色素沈着を起こしやすく適していませんが、ほかに治療法がなく、しばしば行われています。

最近は「ケミカルピーリング」といって、ある深さまで皮膚を薬剤で腐食《ふしょく》させて、平坦にする方法も用いられています。経験豊富な医師が行えば、効果的な治療法といえます。ケミカルピーリングは、ニキビの発生が少し

フラクショナルレーザーリサーフェシング

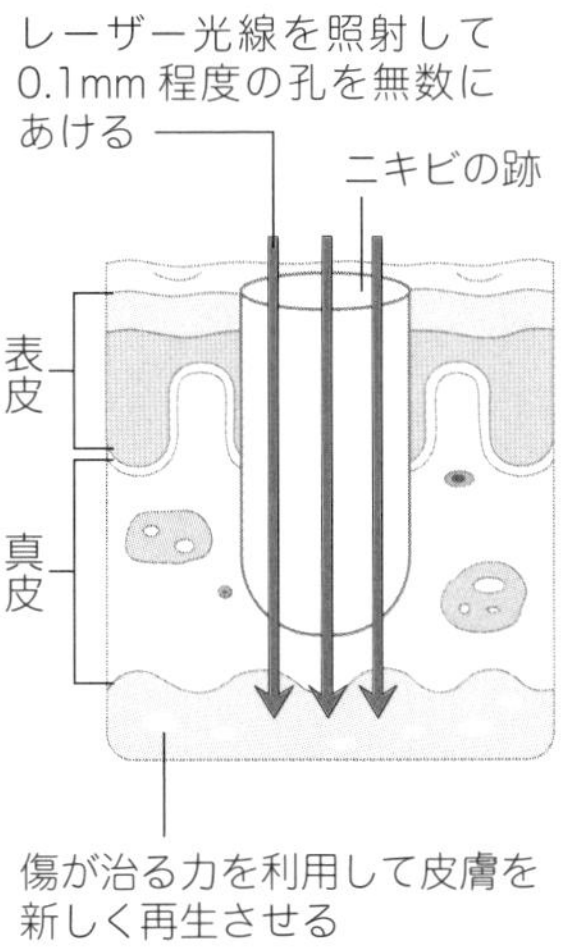
レーザー光線を照射して
0.1mm 程度の孔を無数にあける
ニキビの跡
表皮
真皮
傷が治る力を利用して皮膚を新しく再生させる

費用の相場	YAG レーザーの場合 1 回 5 万円、6 回（1 クール）30 万円前後
手術時間	30 分程度
入院期間	日帰り手術

一般的な経過

当日	治療直後は日焼けに似た状態になる。しばらく冷やして帰宅。日焼け止めは不可なので日傘や帽子などで日光を避ける。入浴・洗顔不可。肌の冷却と保湿を心がける
翌日～1 週間後	赤みが治まるまでシャワー浴。3～4 日で赤みなどは落ち着く。赤みが治まればメイク・入浴 OK
1ヵ月後	再度レーザー照射。肌の状態を観察しながら全部で 6 回受ける

治まってから、再発防止や肌質の改善のためにも使われます。

正しく施術しないとかえって悪化します。皮膚の性質は個人によって異なりますので、施術者がきちんと状態を見て使う薬液を選び、施術時間を守って注意深く施術する必要があります。熟練の医師を選んで受けてください。

ニキビの浅い瘢痕には、「フラクショナルレーザーリサーフェシング」とよばれる方法もあります。レーザー光線を使って、皮膚に小さな穴をたくさん開けて、皮膚を引き締め、瘢痕を目立たなくする作用があります。いわゆるダウンタイム（↓P25）がほとんどないので治療が受けやすくなりました。すべてがきれいに治る保証はなく、費用も高くなりますので、十分納得してから治療を受けましょう。

大きなニキビ跡に対しては、皮膚を切除したり瘢痕の周囲を削ったり、またヒアルロン酸の注入で陥没部を膨らませて目立たなくする方法もあります。アブレーション法も、深いところは残りますが効果はあります。

ケロイド状に盛り上がったものは体質も関与している可能性があり、ケロイドの治療が必要になります。この場合は保存的には「リザベン（トラニラスト）」という内服薬をのみ、副腎皮質ホルモン含有テープを貼ります。瘢痕を手術で切り取った場合には、術後に放射線を当てたり、長期のテープ固定や圧迫が必要となったりします。

ニキビ跡も診断が重要で、それに合った治療法を選択するようにしてください。

ほくろを取りたい

ほくろは、原則的には取ってはいけないものはありませんが、なかにはがんのような悪性のものがあり、中途半端に取ることで全身に転移する怖いものもあります。

先天性のほくろは「色素性母斑《ぼはん》」といい、母斑細胞といわれる特殊な細胞が色素「メラニン」をたくさんつくっています。後天性のほくろは、もともと表皮にあった色素細胞が外傷などの刺激を受け、メラニンをたくさん産出して生じます。

ほくろのしくみと種類

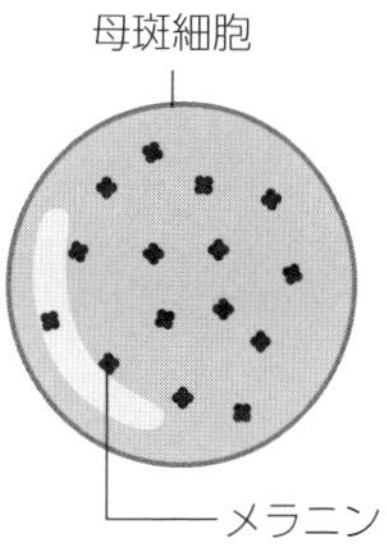

母斑細胞は、皮膚を構成する細胞になり損ねた細胞で、メラニンをつくり、細胞内にためている。母斑細胞は表皮か真皮に存在する。

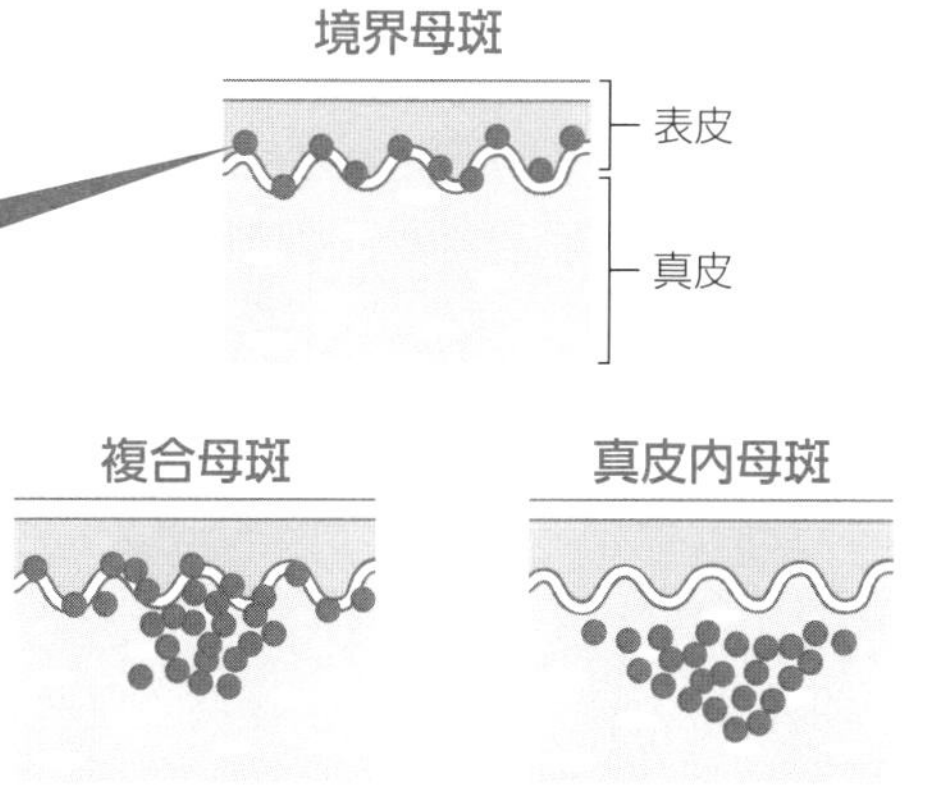

母斑細胞の存在する部位で、種類が分かれる。表皮と真皮の境目に存在する「境界母斑」、真皮に存在する「真皮内母斑」、二つが混ざった「複合母斑」がある。

色素性母斑は良性腫瘍《しゅよう》の1つで、小さいものから巨大なものまであり、皮膚の成長に伴って大きくなり、隆起することもあります。成人すると拡大は止まり、年をとると徐々に色も薄くなってきます。

こうしたほくろのなかには悪性化するものもあります。原因はまだ不明で、色素細胞がもともと悪性化する要素をもっていたと考えられます。過度の紫外線などの刺激を受けると、悪性化の発生率が増加することがわかっています。

ごく稀《まれ》ですが、幼小児期でも周囲ににじみ出るように大きくなるほくろがあります。「悪性黒色腫《こくしょくしゅ》」といい、ほくろが悪性化したものです。体のほかの場所に転移しますので、周囲を含めた切除や、抗がん剤での治療が必要

悪性との見分け方

1年に1回など、定期的にほくろの大きさや形、色をチェックしてください。2つ以上当てはまったら悪性化が疑われます。皮膚科などを必ず受診して、悪性かどうかを確認してもらいましょう。

チェックポイント

- □ 左右対称ではない
- □ 周囲の形が不整形（境界がはっきりしない、形がギザギザしている）
- □ 色に濃淡がある
- □ 大きさが6mm以上
- □ 絶えず少しずつ大きくなっている

となります。

悪性黒色腫は何もないところから急に出現する場合もあり、見分け方が重要です。上記のチェックポイントに2つ以上当てはまったら、皮膚科か形成外科を受診してください。

悪性黒色腫は、大きく分けて4つのタイプがあります。「①結節状に盛り上がってくるもの」「②色素斑が薄く周囲に広がってくるもの」「③元々あった色素性母斑が少しずつ周囲ににじみ出るように大きくなるもの」「④手足の先、特に手のひらと足の裏にできた色素斑が徐々に黒く大きくなるもの」がありま す。くちびる、まぶた、陰部など皮膚と粘膜の移行部にできた色素斑も注意が必要です。最も悪性度が高く速度が速いのが①の結節型ですが、ほかのタイプも決して侮れないので、

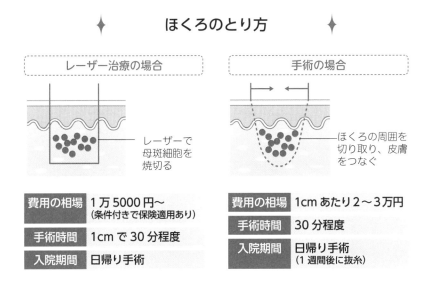

ほくろのとり方

レーザー治療の場合

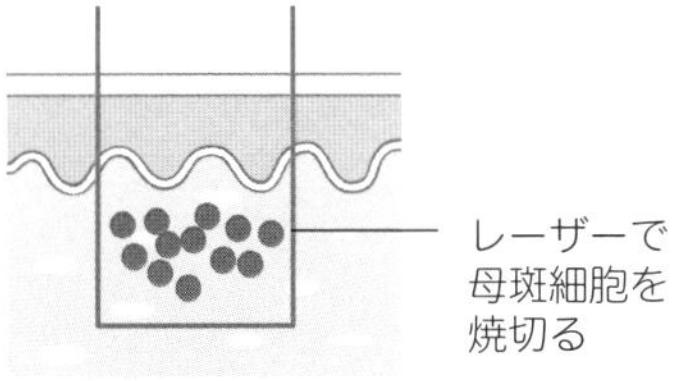

費用の相場	1万5000円〜 （条件付きで保険適用あり）
手術時間	1cmで30分程度
入院期間	日帰り手術

手術の場合

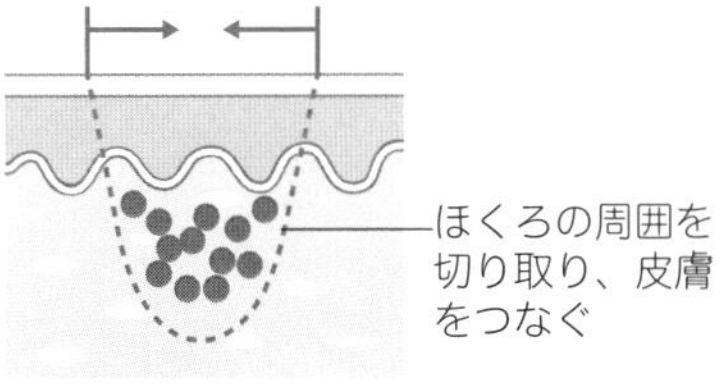

費用の相場	1cmあたり2〜3万円
手術時間	30分程度
入院期間	日帰り手術 （1週間後に抜糸）

心配なときにはまず皮膚科か形成外科を受診しましょう。

悪性黒色腫に似たものに「基《き》底《てい》細《さい》胞《ぼう》がん」があります。これも紫外線などの刺激で表皮の基底細胞ががん化したものです。基底細胞がんはほかの場所には転移せず、その場で増殖するだけですので、確実に切除すれば心配ありません。

ほくろは無理に取る必要はありませんが、徐々に大きくなるものは切除した方がよいかもしれません。現代の医療では、どの場所でも安全に切除したり電気凝固したり、CO_2レーザーを使って除去できます。ただし、大きくなるとそれなりに傷跡も残りますし、目や口の近くなどは取りにくくなりますので、早めに取った方がよいといえます。ある程度の大きさのほくろ除去には健康保険が適用できますが、ごく小さいものやレーザー治療は自費診療となります。

永久脱毛したい

脱毛については27ページでも述べましたが、ここでは美容外科で行う脱毛の方法についてくわしく解説します。美容外科では、いわゆる「永久脱毛」といって、皮膚の毛穴で毛をつくれない状態にする治療が多く行われます。

毛穴のなかには、毛をつくっている毛乳頭《もうにゅうとう》があります(↓左記)。レーザー機器や光治療器を使って、毛乳頭を破壊する方法が多く行われています。レーザー光線や光治療器から出る光は、毛の黒い色素「メラニン」などに反応して熱を発します。発生した熱で、毛乳頭などの周囲の組織が破壊されます。事前に治療部位の毛を剃ってから治療を受けます。

毛には「毛周期《もうしゅうき》」というサイクルがあり、毛乳頭があり毛が伸びる「成長期」、毛乳頭が衰えて成長しなくなる「退行期」、毛乳頭がなくなり毛が抜ける「休止期」という3つに分かれます。わきの場合、今生えているのは成長期と退行期の毛で、全体の3~4割程度です。残りは休止期で、皮膚の下に隠れています。治療できるのは成長期(2~3割程度)なので、毛周期にあわせて2~3ヵ月ごとに照射してすべての毛乳頭を破壊します。

毛が生えるしくみと脱毛方法

毛周期

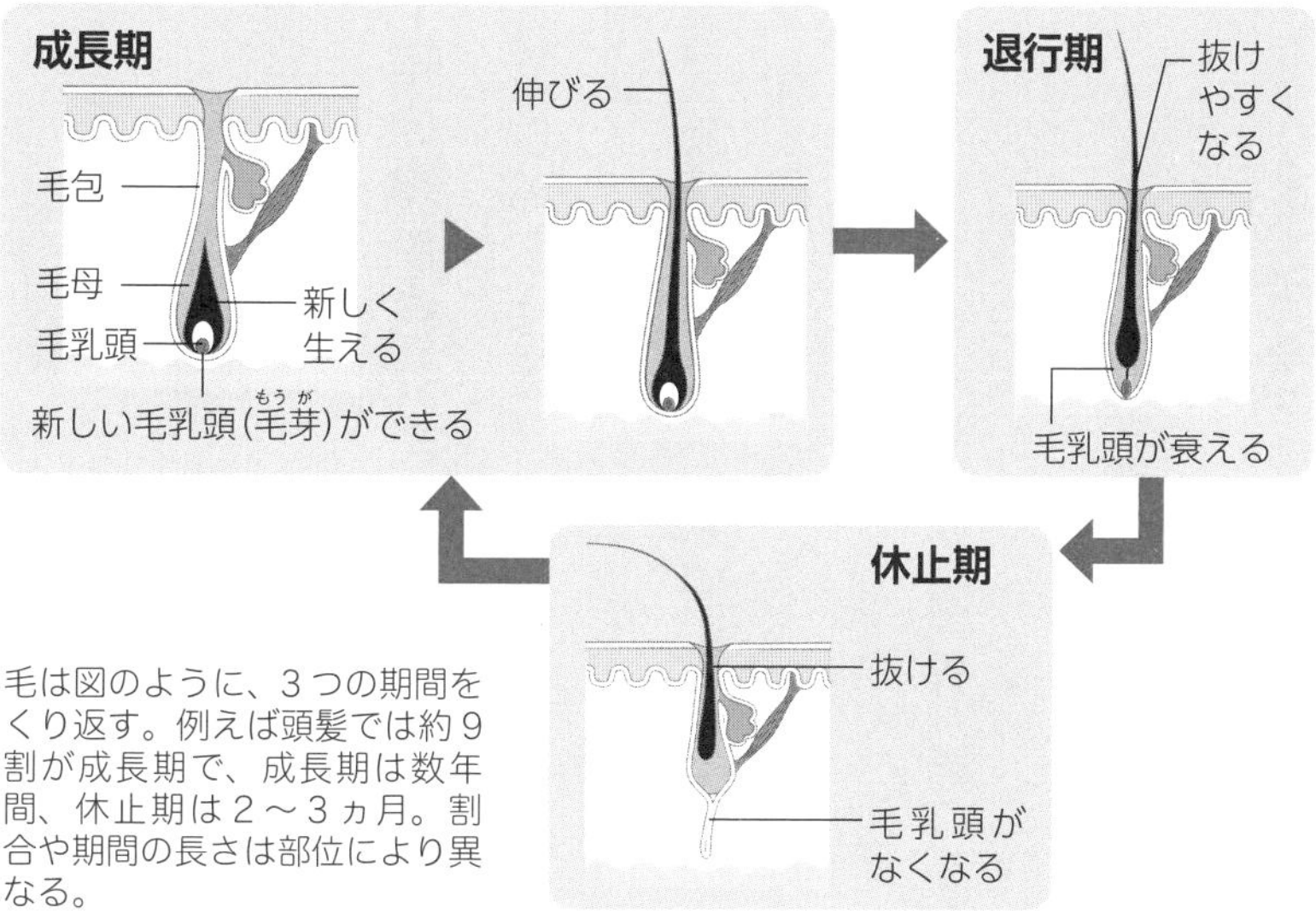
成長期
毛包
毛母
毛乳頭
新しく生える
新しい毛乳頭（毛芽《もうが》）ができる
伸びる
退行期
抜けやすくなる
毛乳頭が衰える
休止期
抜ける
毛乳頭がなくなる

毛は図のように、３つの期間をくり返す。例えば頭髪では約９割が成長期で、成長期は数年間、休止期は２～３ヵ月。割合や期間の長さは部位により異なる。

レーザー・光治療の場合

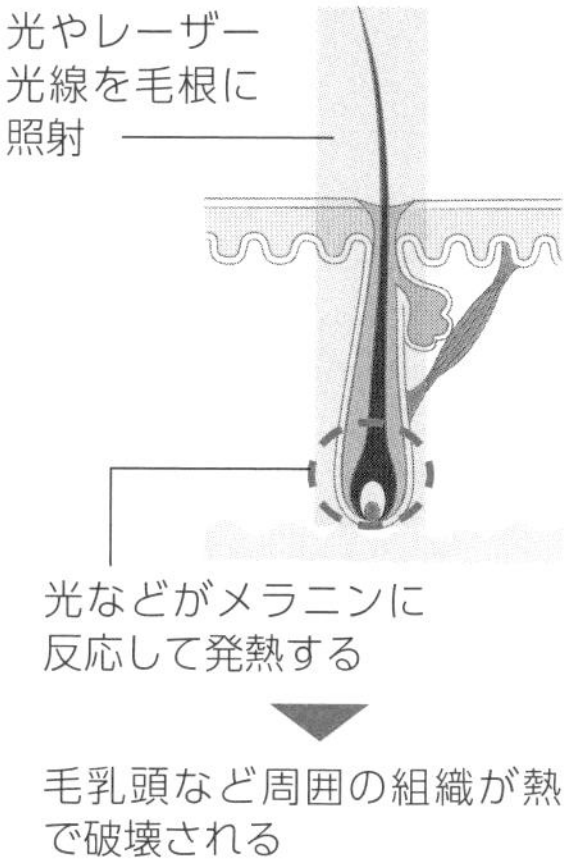
光やレーザー光線を毛根に照射
光などがメラニンに反応して発熱する
毛乳頭など周囲の組織が熱で破壊される

費用の相場	**両わき１回 5000 円～、（男性）ひげ２万円、麻酔クリーム（１回）1500 円**
手術時間	**顔の場合 10 分程度**

一般的な経過

施術後	日焼けしたようなほてりや赤みがある。日傘などで日よけをして帰宅（日焼け止め不可）。当日は洗顔・洗髪不可
３～７日	薄いかさぶたができて、剥がれる（無理に剥がさない）
２～３ヵ月	再度施術を受ける。毛周期があるので、全部で５回ほどくり返す

光治療器とレーザーでは、適する肌の色や治療部位、毛質、術後の痛みなどに違いがあり、医師が治療部位の状態をみて、治療法を判断します。レーザー光線の場合、照射時に痛みがありますが、輪ゴムで弾かれた程度です。もしガマンできない場合は、別料金になりますがクリームタイプの麻酔薬も使えます。もし、毛根が深く痛みが強いときには、注射による局所麻酔も行います。

▼やけどや傷の跡を目立たなくする

やけどや傷の跡は、できるだけ目立たなくしたいものです。跡にもいろいろあり、小さいものから大きいものまで、また部位によっても目立ち方や治療法が異なります。

やけどや傷の跡を専門的には「瘢痕《はんこん》」といいます。通常傷は、24時間以内に表皮の細胞が接着し始めます。深い傷は3～4日かけて毛細血管や皮下組織の線維ができ、1週間ほどで接着が強まります。多くの手術で1週間後に抜糸を行うのはこのためです。一時的に傷口が赤くなっても、赤みは徐々に引きます。一時的に色素沈着が起こり茶色くなることもありますが、時間とともに目立たなくなります。

いったん治っても傷口が赤く盛り上がって腫《は》れたようになり、かゆみなどを起こす場合があります。これを「肥厚性瘢痕《ひこうせいはんこん》」「ケロイド」といいます。2つは治療の効果の現れやすさや再発のしやすさが異なりますが、見た目での区別は難しく、治療法はほぼ同じです。部位や大きさによっ

傷跡（瘢痕）

やけどや傷で皮膚の深い層まで傷つくと、線維や結合組織に置き換わった状態で修復されます（瘢痕化）。やけどは表皮〜真皮の浅い層までなら、跡を残さずに治りますが、それより深くなると瘢痕化し跡が残ります。

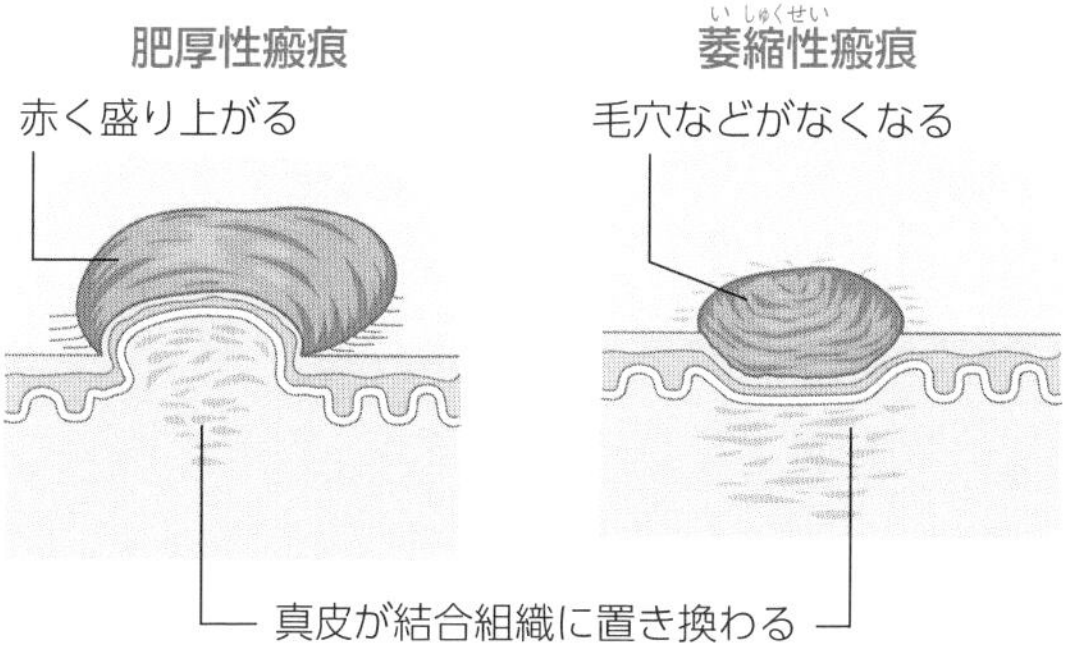

肥厚性瘢痕は、線維が過剰に作られて傷が赤くなり盛り上がるが、数年程度で萎縮性瘢痕になる。ケロイドは傷を越えて正常組織にまで赤い瘢痕が広がり、再発をくり返す。

ては「瘢痕拘縮《こうしゅく》」という引き連れをともなうこともあり、関節など体の動きを妨げる原因になります。

小さな跡はどの部位でも、まず跡を切り取って、周りから皮膚を寄せて縫う「縫縮術《ほうしゅくじゅつ》（→P113）」が用いられます。縫縮術を行うと、手術後は1本の細い傷跡になるので、かなり目立たなくなります。

もう少し大きくなるとそのままでは皮膚は縫い寄せられないため、周囲の目立たない場所から皮膚を回してきて、切除したところをカバーします。完全に皮膚を切り離さない植皮法の一種で、最後に残る傷跡の長さが長くなります。1回で縫えない場合は、何回かに分けて切除することもあります。なるべく跡を縫い縮めて1本の細い線状の傷跡にする方法が、いちばん目立ちません。

さらに大きな跡は目立つ所のみ切除したり、切り取ったあとの大きな欠損部に、ほかの目立たない場所から皮膚を採取して移植したりします。いわゆる「植皮《しょくひ》」と呼ばれる方法です。植皮をした場合は、皮膚の色が周囲の皮膚よりも黒っぽくなり、同じような色合いになるにはかなり長期を要します。皮膚を採取したところには傷が残りますので、引き連れがひどい場合には行いますが、それ以外には行いません。

最近は大きな跡に対して「エキスパンダー（組織拡張器）」と呼ばれるシリコン製のバッグが使われます。このバッグを周囲の正常な皮膚の下に入れ、バッグに少しずつ水を入れる事によって正常皮膚を拡大し、その拡大した皮膚によって大きな欠損部をカバーします（→P１１４）。この方法を何回かくり返すことで巨大な跡を治すことができ、また頭の大きなはげなども治すことができるようになりました。ただし、バッグを膨らませている期間が長くなり、社会生活がしばらく制限されるのが欠点です。

そのほかに皮膚の一部を少し採取して、それを細胞培養することによって拡大して移植する方法もありますが、現在の段階ではまだ完全な皮膚を作ることはできません。ケロイド状の傷や網の目のようになった植皮後の傷跡で行うと、少し光沢をもった、あまり目立たない傷跡に変えることができます。この方法はすべての施設でできるわけではありませんので、よく調べてから受

縫縮術

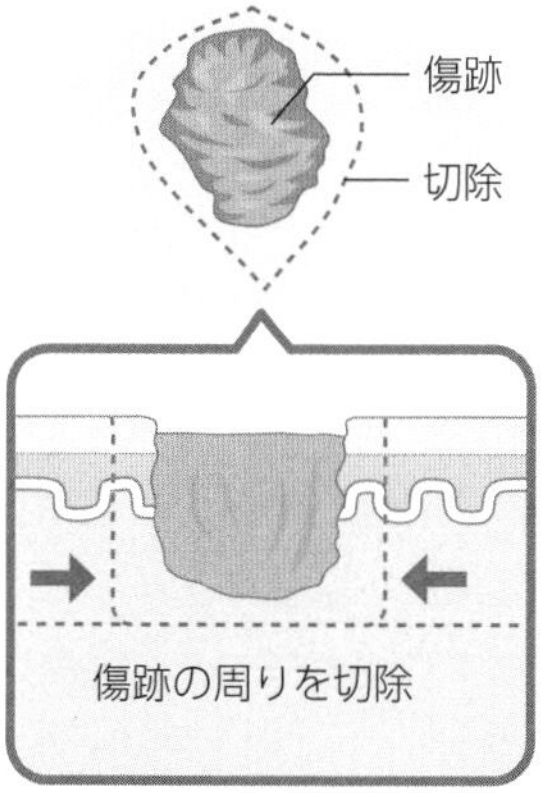

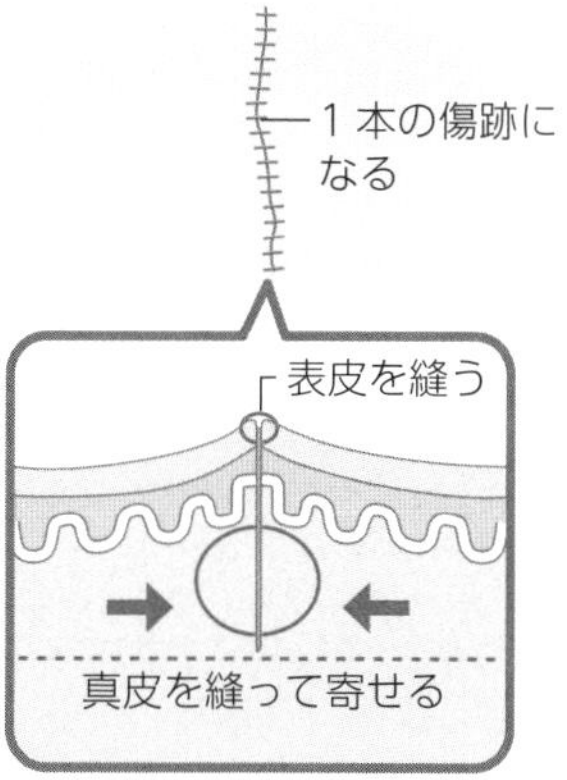

傷跡の周りを、一回り大きく切除する。切除線の両端を鋭角にするので、手術後の傷跡は元の傷跡よりも大きくなる。

真皮を縫い、表皮を縫って１本の傷跡にする。抜糸では表皮を縫った糸だけを抜く。真皮を縫った糸は抜糸しなくても問題ない。

分割切除の場合

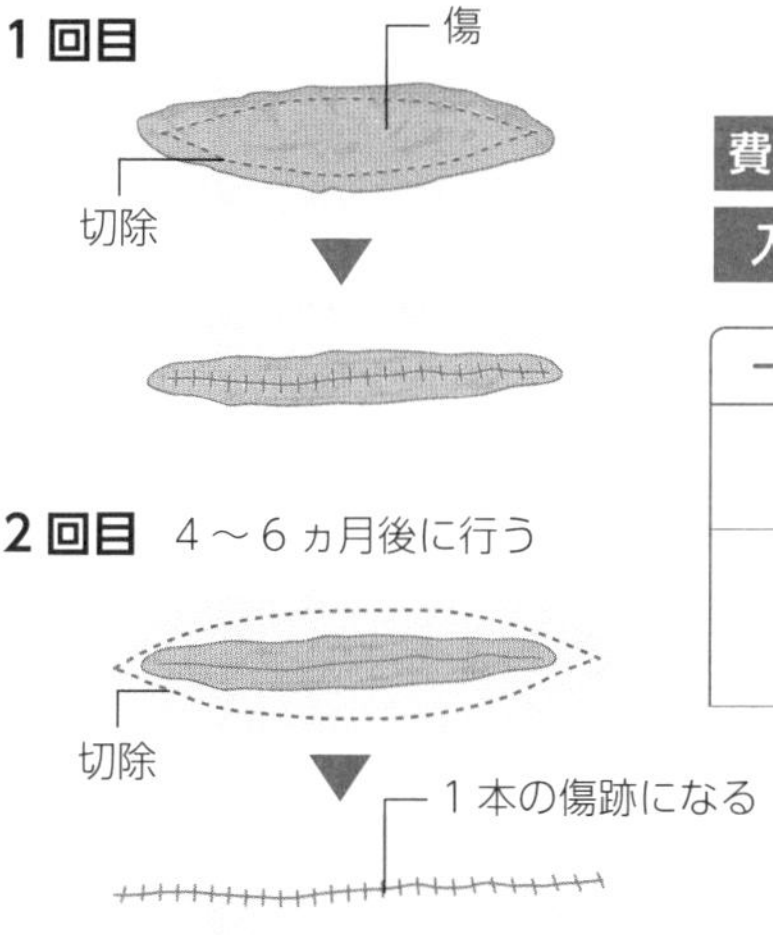

費用の相場	1cm につき３万円
入院期間	日帰り手術

一般的な経過

当日	傷跡をしばらく冷やして退院。当日はシャワー不可
翌日～ １週間後	医師の指示どおりに消毒し、テープなどで固定。１週間後に抜糸

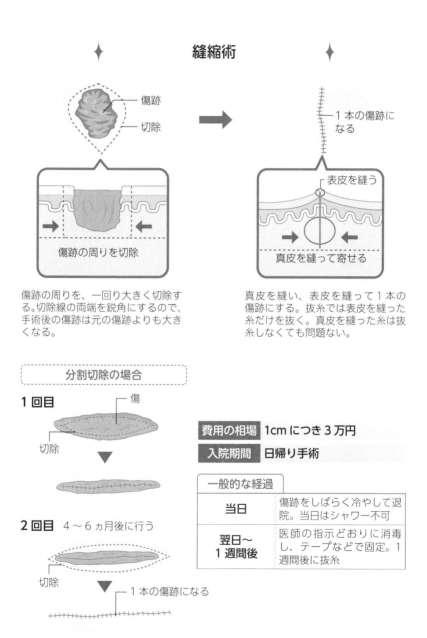

エキスパンダー（組織伸展）法

1. 傷跡などの近くの健康な皮膚にエキスパンダーを埋め込む。
2. 術後の傷が落ち着いたら、注射器で水を注入し、エキスパンダーを膨らませる。
3. 健康な皮膚が伸びて傷跡が十分覆えるようになったら、2回目の手術を行う。傷跡を切除し、エキスパンダーを取り出す。伸びた皮膚で傷跡部分を補う。

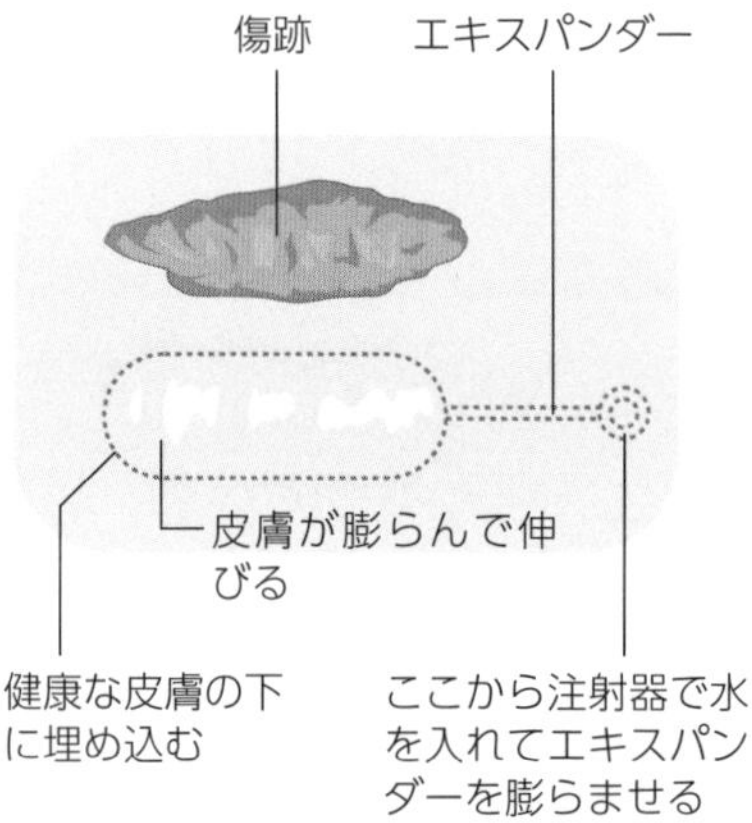

傷跡
エキスパンダー
皮膚が膨らんで伸びる
健康な皮膚の下に埋め込む
ここから注射器で水を入れてエキスパンダーを膨らませる

診してください。

冬の寒い時期には、湯タンポや電気あんかで低温やけどを起こす人が多くみられます。下腿《かたい》（ひざから足首までの部分）は、血行が悪いため治りが悪く、完治するのに夏までかかることがあります。縫い縮めもしにくい部位で、植皮をしても色素沈着をきたしやすいため、治療が難しくなります。しかし、やはり縫い縮めて一本の傷にする方法以外は、おすすめできません。

また顔などの薄い傷跡をさらに薄くするレーザー治療もありますが、時間がかかり、効果も少しずつですので気長に治療してください。

表皮のしくみ

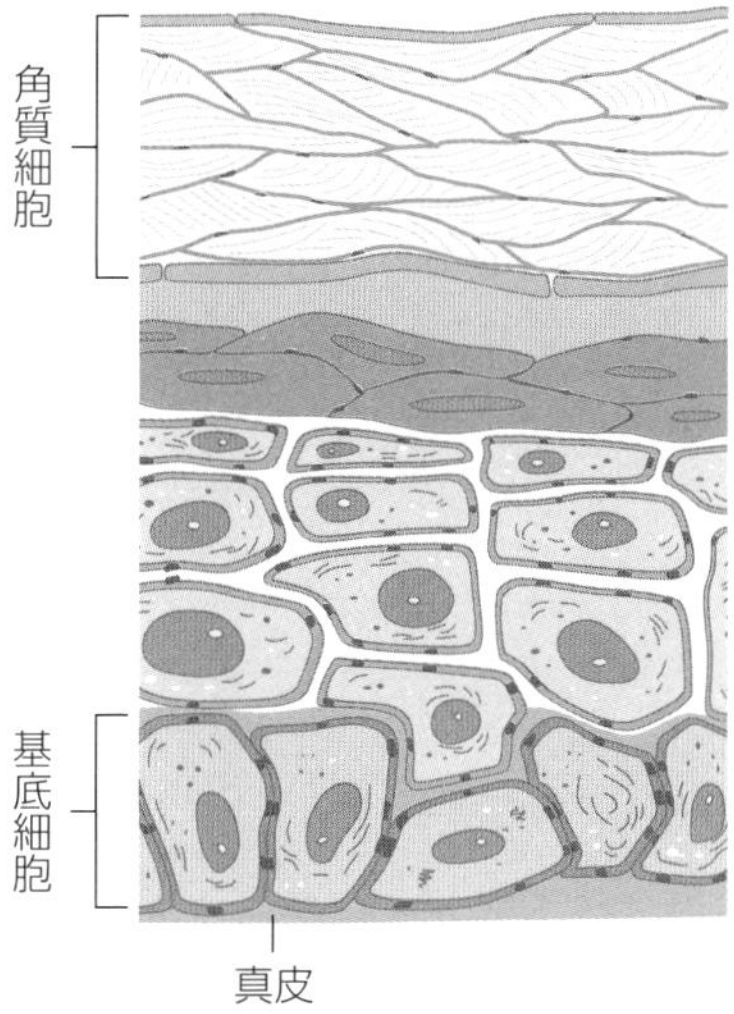

真皮との境界にある基底細胞が、細胞分裂をくり返します。細胞は徐々に押し上げられて角質細胞になり、やがて脱落します。この期間を「ターンオーバー」といい、周期は約１ヵ月です。

表皮はわずか 0.2mm。色素が表皮に入れば約１ヵ月で落ちるが、針が深く刺さって真皮に色素が入ると永久に脱落しない。

アートメイクを消すには

アートメイクとは、メイクをしなくても眉や唇の色を美しく見せるために、針を用いて皮膚に色素を注入する施術です。アートメイクでは皮膚の表皮にだけ色素を入れますが、1ヵ月程度で角質といっしょに脱落するため、顧客は満足しません。もっと深く真皮まで入れれば永久に残りますが、刺青《いれずみ》と同じものとして捉えられています。

「アートメイクは刺青のように永久に残るものではなく、近い将来には皮膚といっしょに剝《は》がれ落ちて元に戻るので、刺青とは違う」という触れ込みで、エステなどで医師以外の者によって行われることがあります。しかし、厚生労働省の見解では「人体に不可逆的《ふかぎゃくてき》な変化を及ぼすものは医師でないと施行できない」とされ、アートメイクも医師以外の者が行うと医師法の違反になります（→P29「厚生労働省通達内容」の2）。過去には、アートメイクを医師免許のない者が行い摘発された事件もありました。

皮膚に針を刺して色素を真皮に入れると出血も起こりB型肝炎などの感染症の可能性があるので、施術には十分な注意が必要となります。肝炎のウイルスはアルコールなどの簡単な消毒では殺すことができませんから、針の使い回しは危険です。

自分の希望したように入らなかった場合や、化粧の好みが変わると、取りたいという希望も出てきます。

現在は、色素沈着に対して効果のあるレーザー機器が開発され、色が黒っぽいアートメイクはかなりきれいに取ることができるようになりました（→P117）。しかし目の近くへの照射は注意が必要で、部位によっては治療が難しい場合もあります。1回の照射では取れないケースが多く、費用が高額になりがちです。皮膚の深層に色素が入っている場合は、照射をくり返しても取りきれないことがあります。

レーザー光線の性質上、黄色や青色などは取れないことが多かったのですが、「ピコ秒レーザー」の登場で黄色や青色も取れるようになりました。ただし大きさや色素によっては、ピコ秒レーザーでも複数回の照射が必要な場合もあり、除去した跡が残ることもあります。新しい機器なので、

アートメイクを消すときに使うレーザー

　レーザー機器の「Q スイッチ」「ピコ秒」といった名称は、一般的にレーザー光線の照射時間の単位を表しています。Q スイッチはナノ（10 億分の１）秒単位で発振するレーザー機器の総称で、さらにいくつかの種類があります。ピコ秒はさらに短い１兆分の１秒が単位となります。双方を組み合わせる治療法もあります。

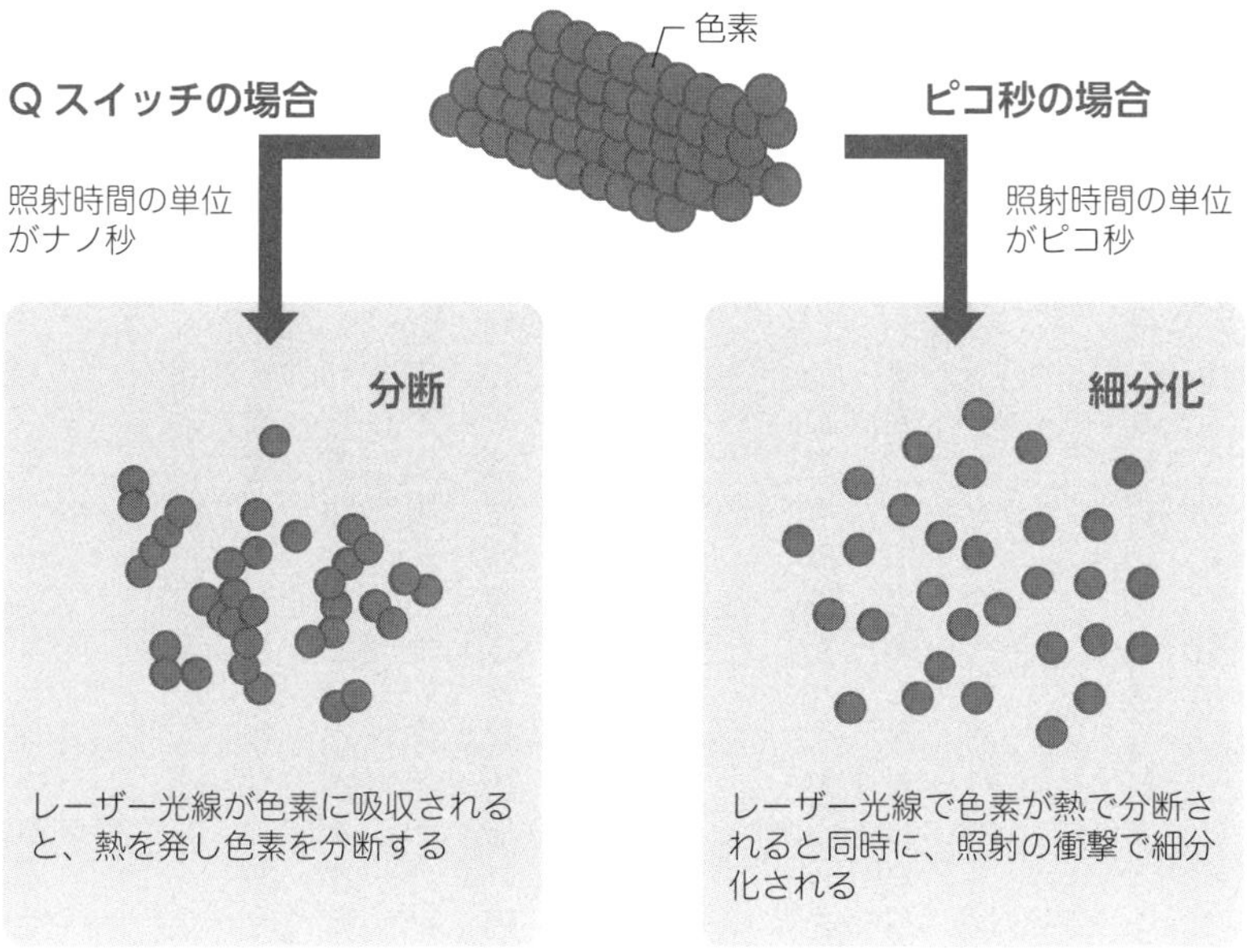
色素
Q スイッチの場合
照射時間の単位
がナノ秒
分断
レーザー光線が色素に吸収されると、熱を発し色素を分断する
ピコ秒の場合
照射時間の単位
がピコ秒
細分化
レーザー光線で色素が熱で分断されると同時に、照射の衝撃で細分化される

対応するレーザー機器と費用

　黒っぽい色素には、メラニンに反応する「ルビーレーザー」「アレキサンドライトレーザー」が使えます。それ以外の色の場合は、刺青の治療に準じます。

効果的な照射回数や次の照射までの期間、Qスイッチレーザーと組み合わせる治療方法など、まだ検討すべき点も多くあります。

レーザーが効かない場合や跡が気になる場合は「削皮術《さくひじゅつ》（→P121）」や切除術などで切って取り除くか、別の場所から皮膚を採取して植皮を行うしかなく、あとには傷跡が残ることになります。健康保険は適用されないので、すべて自費診療になり膨大な費用がかかります。

厚生労働省や医師としては、感染症の問題と一度入れたら取るのが非常に大変であるという理由により、刺青を肯定するような動きに対しては反対せざるを得ないのが実情です。アートメイクに関しても、今後は医療機関で医師の監督の下に行われるべきものと考えます。

刺青の最新除去方法

刺青はアートメイクより皮膚のさらに深いところに色素を入れるうえに、黒色だけでなく赤色、黄色、緑色など、さまざまな色が使用されます。プロの職人が入れたものや、器械を使って短時間に入れたもの、素人が行ったものもあり、それぞれ使われる色素も深さも異なるため、取るのはますます難しくなります。

芸能人や外国のスポーツ選手などにしばしば刺青のある人を見かけるためか、一般の人や未成年者もファッション感覚で安易に刺青を入れるケースが多いようです。海外などで簡単に刺青を入れてくる若者も少なくありません。日本では、刺青が人を脅す道具として使われた経緯もあることから刺青に対する印象は悪く、公衆浴場やプールへの入場を断られることもあります。

一方で刺青の除去には、時間も費用も多くかかります。ひとくちに刺青の除去といってもさまざまな方法があり、大きさや色や部位などにより変わってきます。刺青の治療は、どの方法も健康保険適用にはならず自費診療で、ときには高額になることもあります。

現在は、レーザー光線を使って皮膚の真皮層に入った刺青の色素を破壊して除去する治療がよく行われます。よく見かける青みがかった黒色は、茶褐色のアザを取るレーザー光線によく反応するため、比較的除去しやすい色です。深い場合は一度では取れず、除去できたとしても、多くは周囲とまったく同じにはならず薄い傷跡になります。

レーザー光の波長によって反応する色素が違い、波長が色素に合わない場合は破壊が起こらずまったく効果がありません。レーザー光線は適する色が決まっていて、適していない場合は取れません。赤や緑や黄色など多色の場合は、何台かのレーザー機種を使う必要があります。しかしレーザー機器は非常に高額なので、1つの医療機関が何台も所有することは難しいのが現実です。現在、アートメークと同様に最新機器の「ピコ秒レーザー」が注目されています。

多色彫り（黒色の単一彫り以外）は、医師に施術を受ける前にどこまで除去できるか、取れなかった場合の紹介先やほかの治療法について質問し、どうしても取れない色がある刺青は、レーザー治療は初めからあきらめたほうがよいかもしれません。

刺青が小さい場合には、切除して縫い縮める方法が確実で、何回かに分けて切除することも可能です（↓Ｐ１１３「縫縮術」）。多色彫りも、切除できればその方が確実ですが、背中一面にあるような広範囲の場合には、植皮術《しょくひじゅつ》も必要になります。植皮術は全身麻酔になりますので、入院が必要で、費用も時間もかかります。植皮する皮膚を取った場所には、やけどの跡のような光沢をもった傷跡ができます。

時間や費用の点で植皮が難しい場合には、刺青のある真皮部分を削り取って、そのまま上皮化させ傷跡で治す「削皮術《さくひじゅつ》（↓Ｐ１２１）」という方法もあります。色の種類や多さを問わず、治療が受けられます。しかし、不規則に深部まで入っている刺青は、深くまで削ると治りが悪く、赤く凸凹に盛り上がります。この赤みはいずれ薄くなりますが、傷跡が残ります。切除と植皮をしたほうが治療の跡もきれいに仕上がります。

もっときれいにする方法には「培養表皮法」があります。切手大の皮膚を取ってきて、その表皮細胞を人工的に２～３週間培養して拡大し、削り取った傷跡に培養表皮を植皮する方法です。刺青を入れる前のような皮膚にはなりませんが、術後はかなり目立たない状態になります。

当然ですが、この方法は培養にかかる費用が高額になり時間もかかるため、誰でも受けられる手術ではありません。しかし、植皮のように別の場所から皮膚を採取せずにすむ、という利点は

削皮術

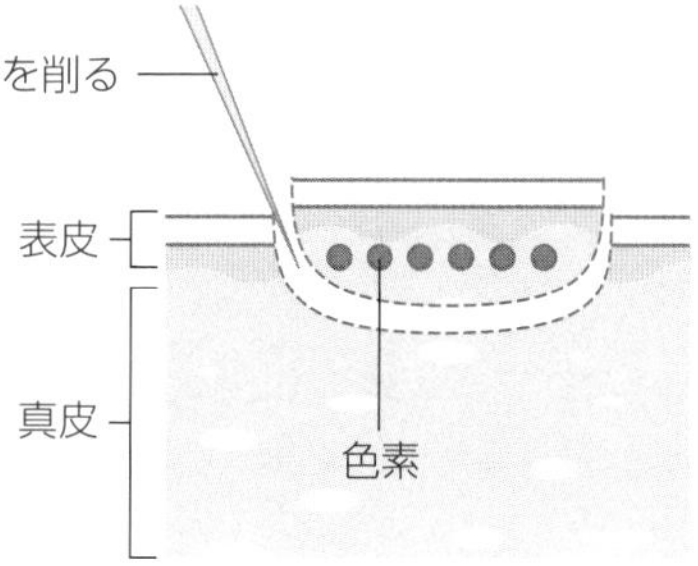
医療用のカミソリで色素の入った部分を削る

手術時間	約１～２時間（大きさによる）

一般的な経過

当日	患部を冷やして帰宅。シャワー不可
２～３日後	出血や浸出液、痛みはまだ強い。受診して患部の消毒やガーゼの交換を行う。受診後からシャワー浴可（患部はこすらない）
１～２週間後	出血などは減るが、痛みはやや残る。受診して消毒・ガーゼ交換。２週間後から入浴可
１ヵ月後	受診し、以降は必要に応じて自分で消毒・ガーゼ交換を行う

あります。

　培養表皮法とは別に、刺青の入った皮膚を削り取ったあと、ある酵素を使って表皮と真皮を分離し、分離した表皮を培養表皮と同じように削った真皮上に植える方法も報告されています。これも、かなり限られた施設のみで行える治療になり、結果も術者の手腕と根気が要求されます。

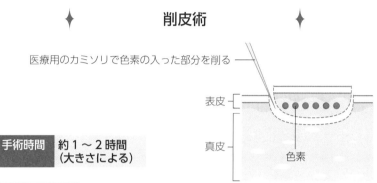

スタイルをよくしたい

▼小顔手術のメリット・デメリット

顔の輪郭《りんかく》は、主に頬骨《きょうこつ》や下顎骨《かがくこつ》の前後左右方向への突出度によって決まります。下顎骨の「えら」と呼ばれる部分や、おとがい部といわれる下あごの真ん中部分が突出していたり引っ込んでいたりするのも関係があります。

世間でいわれている「小顔手術」とは、顔のバランスを整え、全体的に顔の輪郭を小さくする手術をいい、通常顔の骨（顔面骨）を切ったり削ったり切除して小さくする方法を意味します。骨を切る方法は、侵襲《しんしゅう》が大きいですが、永久的な効果が得られます。口の中を切開し、治療部位の骨を露出させて削ります。どの手術も、ダウンタイムは2週間くらいかかります。現在は、ノコギリなどの手術器具が小さく改良され、医師も手術しやすくなりました。しかし、顔には大事な神経や血管があるため、慣れた術者が慎重に行う必要があります。

骨格以外にえらが張っている人の原因の1つに、「咬筋《こうきん》」という筋肉の肥大があります。ボトックス注射で咬筋を萎縮《いしゅく》させる方法が低侵襲で、最近よく用いられます。効果は一時的ですが、複

顔のしくみとほおとえらの手術方法

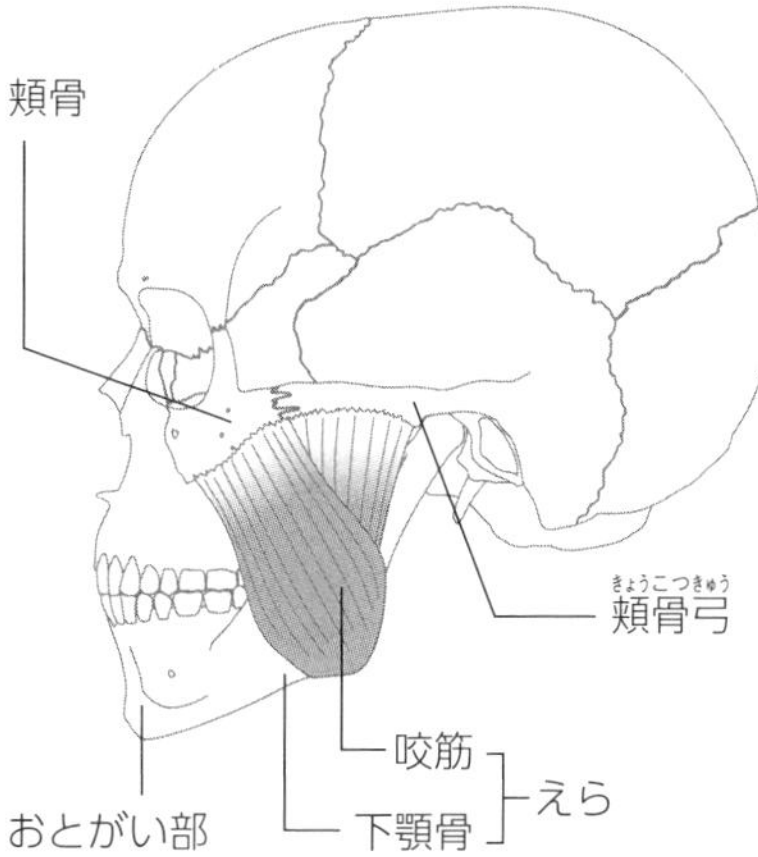

輪郭で悩む人が多いのは、頬やおとがい部、えらといった部位です。輪郭に影響するのは、頬骨や下顎骨、咬筋です。手術では、骨を削るなどして輪郭を整えます。

部位	ほお	えら	
治療方法	上の歯茎の上を切って骨を出す。軽度なら電動やすりで突出部分や張り出し部分を削る。重度なら骨を２ヵ所で切り、斜め下方向にずらして固定する	ボトックスを咬筋に筋肉注射する。くり返し受けて、咬筋を萎縮させる	下顎の歯茎の下を切って骨を出し、細いノコギリやドリルを入れて突出した下顎の角部分を切るか削る
メリット・デメリット	永久的に効果がある。頬骨を削りすぎると副鼻腔《ふくびくう》の１つ（上顎洞《じょうがくどう》）が露出し、感染症を起こす原因になる。頬骨弓を内側に落としすぎると下顎骨に当たり、口が開かなくなる	低浸襲・ダウンタイムも少ない。骨格そのものを変えるわけではないので、注射１回だけだと効果は一時的	永久的に効果がある。神経や血管を損傷すると、後遺症を残す可能性がある
費用など	**費用の相場** 合計で 100 万円前後	**費用の相場** 両側６万円～	**費用の相場** 合計で 100 万円前後
	治療時間 ２～４時間	**治療時間** 10 分程度	**治療時間** ３～４時間
	入院期間 １日	**入院期間** 日帰り手術	**入院期間** １日

下あごの手術方法

部位	おとがい部が小さくて前に出したい場合	おとがい部が長く前に出ている場合
治療方法	骨の上にプロテーゼやハイドロキシアパタイトなどの人工骨を埋入し突出させる。またはあごの先を前下方向にずらして固定する	長い分の骨を横に切って切除。またはあごの先端を残してあいだを切除し短くする
メリット・デメリット	埋入方法は比較的易しい手術。プロテーゼが大きすぎる場合や、想定した位置に収まらない場合がある。シリコンは異物であるため術後のケアに気を配る	永久的に効果がある。神経や血管を損傷すると、後遺症を残す可能性がある
費用など	**費用の相場** プロテーゼの場合30万円、人工骨の場合40万円（別途全身麻酔費、入院費）	**費用の相場** 50万円＋全身麻酔費、入院費
	治療時間　1～2時間	**治療時間**　2～3時間
	入院期間　1日	**入院期間**　1日

数回行うと徐々に咬筋は薄くなっていきます。

小顔手術は合併症や後遺症を残すことにならないよう、熟練した形成外科専門医であるかを術前によく確かめましょう。

これらのほかに脂肪吸引術（↓P128）で顔の脂肪の膨らみを取ったり、フェイスリフト（↓P149）や糸を使って皮膚と脂肪を引き上げてすっきりさせる方法、さらには溶ける糸を何本も皮下に入れたり、超音波で皮下組織を焼いてたるみを引き締める方法など、手術よりかなり手軽な方法もあります。これらも、広い意味では小顔手術といえますが、効果や持続する時間には限界があります。

近年、HIFU《ハイフ》（高密度焦点式超音波）という、超音波を皮下3～4㎜に集める方法

HIFUの方法

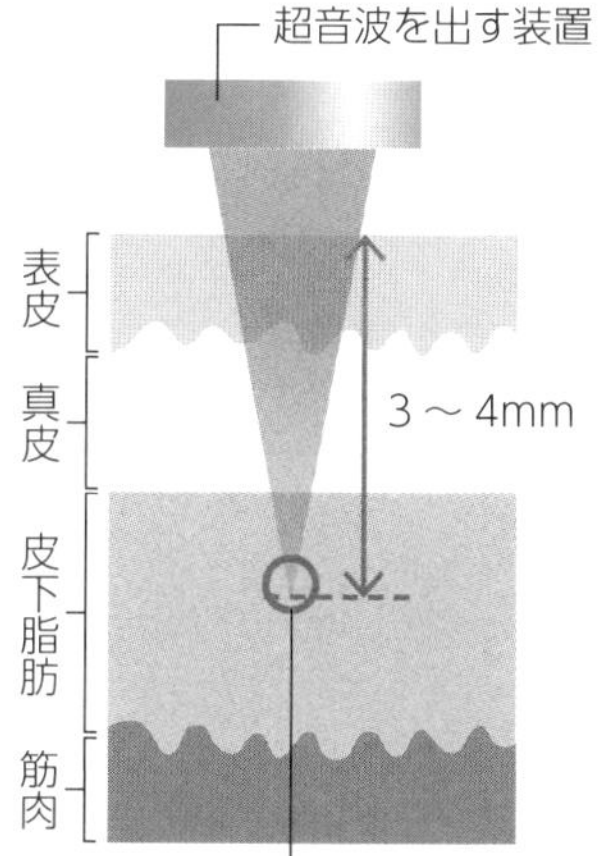

超音波の集まる（焦点）部位に熱が発生する

費用の相場	**1回8万円～**
手術時間	**30～60分程度（範囲による）**
入院期間	**日帰り手術**

一般的な経過

当日	治療後帰宅。入浴・洗顔可、ただしこするなどの治療部位への強い刺激と長湯は避ける
翌日以降	ダウンタイムはほとんどない。ほてり感や赤みが残る人もいるが、数日で治まる

が登場しました。虫めがねで光を集めると熱を発するように、超音波の焦点となる部位には約70℃の熱が発生します。この熱を利用して皮下脂肪を分解します。小顔治療のほか痩《そう》身術《しんじゅつ》や、前立腺がんの治療（公的保険適用外）など美容外科以外でも利用されています。エステサロンで安価に行われることがありますが、神経損傷を起こした事例があるので、医療機関で医師の治療を受けてください。

「サーマクール」などの高周波機器も効果があります。高周波を当てすぎると、皮膚が硬くロウのような色になり、表情のない顔になる可能性があるので、ほどほどで止めておきましょう。

肥満症の治療

太りすぎは足腰や心臓に負担がかかるだけでなく、病気を引き起こすこともあります。BMI*が25以上であり、肥満が原因で健康が障害されている状態または肥満による健康障害が予測される状態を「肥満症」といい、治療が必要と判断されます。

肥満症の治療には、内科的治療と外科的治療があります。内科的治療は、いわゆるダイエットです。従来、摂取エネルギー（カロリー）量の制限によるダイエットが提唱されてきましたが、最近は糖質制限によるダイエットが主流を占めています。

自力ではとても減らせないくらいに太ってしまった場合は、やはり医療機関で特別な治療を受けてください。通院治療では、脂肪や糖質の吸収を減らす薬を処方してもらい、自分で食事療法をするしかありません。

食事療法ができない人には、入院して絶食し、点滴で栄養をコントロールする方法や、手術で胃にバルーン（風船のような治療器具）を入れ、食事量を減らす方法があります。最終的な手段としては、外科的治療の範囲になりますが、胃や腸の一部を切り取って小さくし、少ししか食べられなくすると同時に吸収を減らす方法もあります。外科的な方法はもちろん外科の医師が行いますが、ごく限られた病院でしか行われていません。

＊BMI……体格指数。体重（kg）÷身長（m）÷身長（m）の数値が25以上で、肥満と判定される。

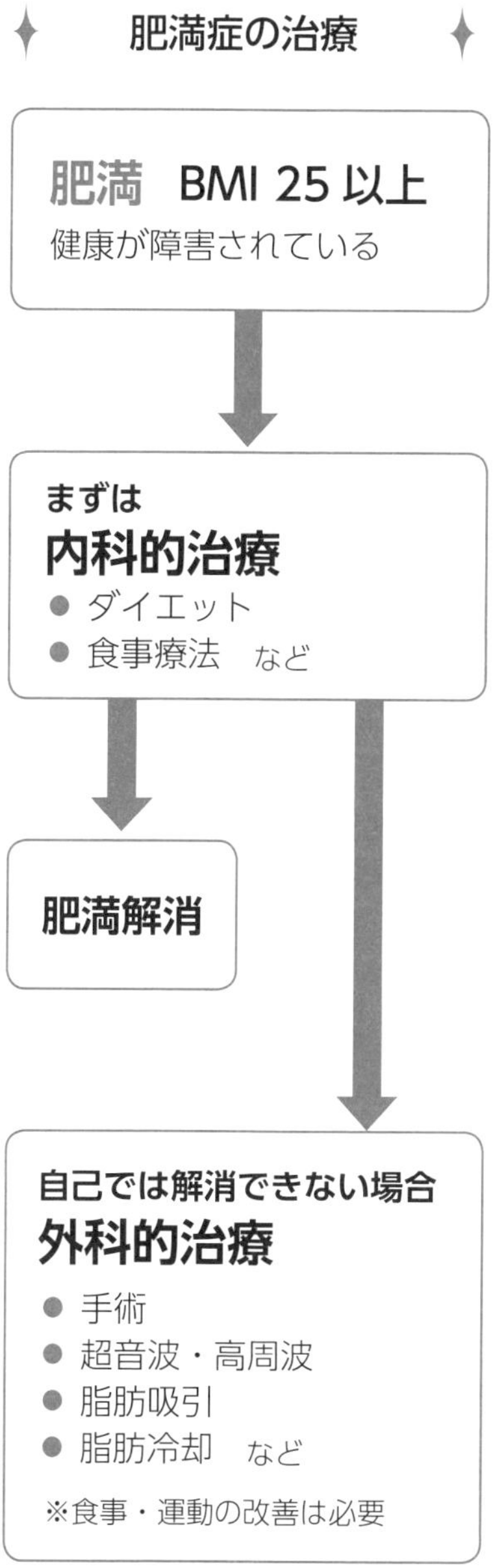

現在は、超音波（HIFU《ハイフ》→P124）や高周波を使った痩身術《そうしんじゅつ》もあります。アメリカのFDA（アメリカ食品医薬品局。日本の厚生労働省に当たる公的機関）や日本の厚生労働省の承認（PMDA）も取れている機器があり、ある程度安全性もうたわれていますが、なかには未承認の粗雑な機器もあります。機器による痩身術では、部分的に脂肪を落としたいときに皮下を引き締める効果はありますが、大量には脂肪は取れません。脂肪細胞は熱で一時的に破壊されただけですので、食事療法や運動などで維持しないとすぐに戻ります。

▼脂肪吸引

太った人のすでにたまっている脂肪を減らす方法の1つに、「脂肪吸引術」があります。30年ほど前に美容外科領域で初めて使われ始めた方法で、正しく使用されればその効果は大きいといえます。

脂肪吸引術では、「カニューレ」という金属の管を皮下の脂肪組織に入れて、脂肪を吸引します。吸引する機器には、電動のものや大きな注射器を使ったものがあり、カニューレの形にも複数のタイプがあります。皮膚に5～10㎜程度の穴をあけ、カニューレを挿入して脂肪を吸引していきます。

適しているのは、脂肪が垂れ下がっていなくて比較的皮膚に弾力性が残っており、部分的に脂肪がついている人です。そうでない人でも、切らない脂肪吸引のほうがよいという患者さんに用いられることもあります。

治療部位は、上下腹部や太もも、腰の横が向いています。ときには上腕のいわゆる「二の腕」や下腿《かたい》（ひざから下の脚）にも使用されますが、下腿は脂肪が薄いのできれいに取るには熟練した技術が必要です。体幹や下肢《かし》も、慎重に行わないと重大な合併症を引き起こします。顔面では、頬は大事な神経や血管も多く不向きですが、あごの下には使用されます。

✦ 脂肪吸引の方法（腹部の場合） ✦

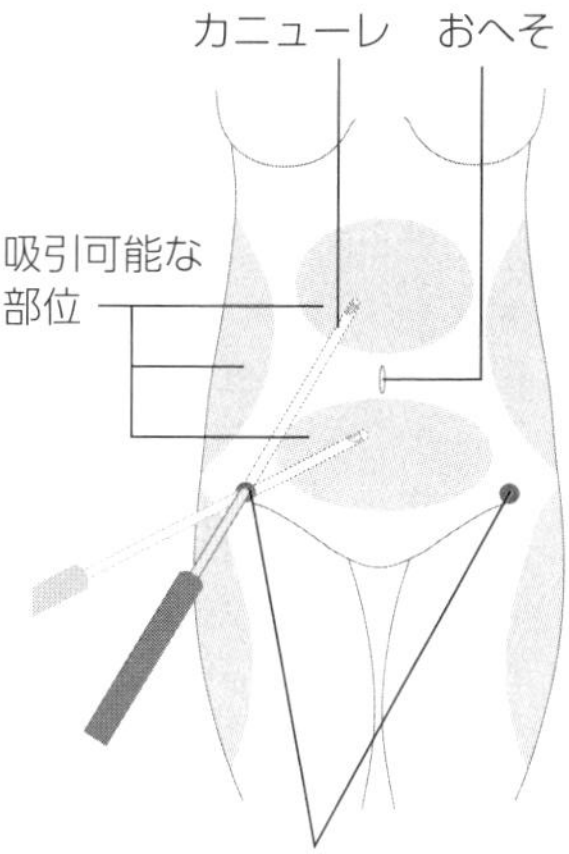

カニューレを入れる部位。皮膚を保護する器具をつけてからカニューレを挿入する

費用の相場	30万円～
手術時間	2時間～（範囲による）
入院期間	基本的に1日

一般的な経過

当日	術後入院。痛みはかなり強い。包帯で圧迫する
翌日～3・4日後	包帯をつけたまま退院。3・4日後に受診し、包帯をガードルなどに交換。ガードルは2～3ヵ月後までつける
1～2週間後	抜糸。腫れや痛みが落ち着き始める
2～3ヵ月後	ガードルを外す。ほぼ自然な状態になる。赤みが残ることもあるが、やがて消える

メリットは、年齢に関係なくどの部位でも確実に減量でき、脂肪細胞の数を減らせることです。治療部位は脂肪がつきにくくなり、手術の傷跡も小さくあまり目立ちません。

デメリットは、術者の技術や経験によって結果が左右されることです。脂肪が厚い腹部や女性の太ももの外側などは、術者の技術に左右されにくい部位です。一方、ふくらはぎなど脂肪が薄い部位は凸凹《おうとつ》が起こりやすく、熟練の医師が時間をかけてていねいに行わないときれいな結果になりません。

広告では簡単な手術かのようにうたわれていますが、実際は術後にかなり痛みがあります。範囲が狭ければ局所麻酔でもできます。範囲が広い場合や大量に脂肪を取る場合には、使える麻酔薬の量が足りず痛みも強くな

りますから、入院し全身麻酔で治療を受けたほうが安全です。出血量などの問題があり一回に吸引できる脂肪の量には限界があるので、何回かに分けて行うこともあります。

重大な合併症は2つあります。1つは肺塞栓症《はいそくせんしょう》で、脂肪細胞が破壊されて小さくなった脂肪滴《しぼうてき》が血管に入り、脂肪滴が集まって血栓となって肺の血管に詰まって起こります。もう1つは腹膜《ふくまく》炎《えん》で、吸引管の操作ミスで腹膜を破って起こります。どちらも稀《まれ》ですが、信頼できる医師と施設で受けることが大事です。日本形成外科学会や日本美容外科学会のホームページで専門医を、日本美容医療協会では適正認定医を調べることができるので、参考にするとよいでしょう。*

皮膚が垂れ下がるほどの過度の肥満に対しては、脂肪吸引術では限界があります。第一選択は、おなかや太ももの皮膚といっしょに脂肪を切除する、従来の方法となります。皮膚自体が垂れ下がっている人や、脂肪を取ると皮膚が垂れ下がる人に適しています。太鼓腹の人は内臓脂肪が多いので、皮膚の垂れ下がりは少なく切除法を用いても意外と脂肪は取れないケースがあります。カウンセリングで、主治医にどの程度の効果が得られるのかをきちんと確認したうえで、治療方法を選びましょう。

▼脂肪冷却

肥満への治療法として、最近は「冷凍痩身《そうしん》」「キャビテーション」があります。脂肪細胞は、

＊一般社団法人 日本形成外科学会 http://www.jsprs.or.jp/general/specialist/
一般社団法人 日本美容外科学会 http://www.jsaps.com/index.html#senmoni
公益社団法人 日本美容医療協会 http://www.jaam.or.jp/maruteki/index.html

脂肪冷却とキャビテーションの違い

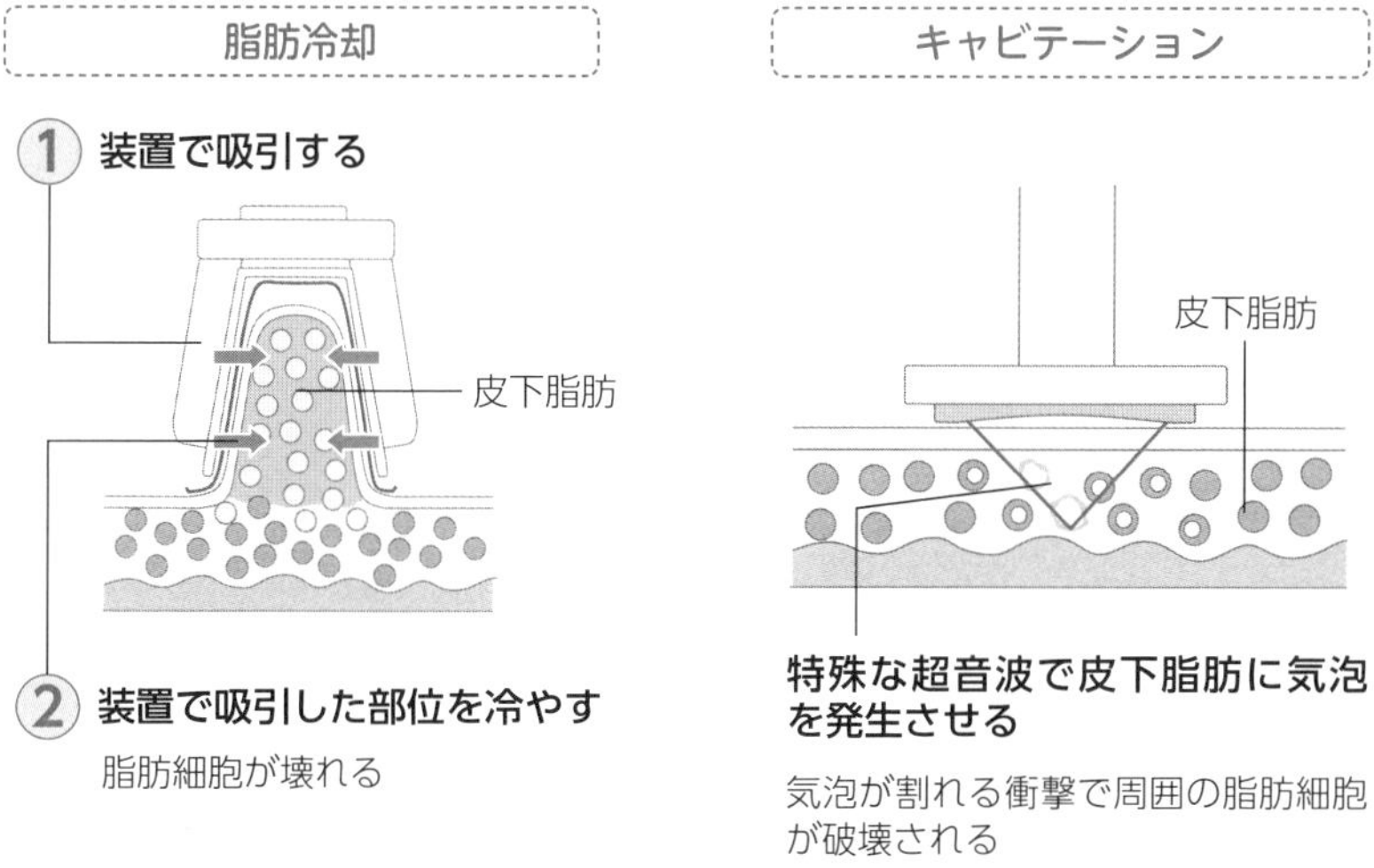
脂肪冷却
①装置で吸引する
皮下脂肪
②装置で吸引した部位を冷やす
脂肪細胞が壊れる
キャビテーション
皮下脂肪
特殊な超音波で皮下脂肪に気泡を発生させる
気泡が割れる衝撃で周囲の脂肪細胞が破壊される

ある程度まで冷やすと壊死《えし》して分解吸収されます。脂肪冷却では、ゆるんだ皮膚を吸引して引き上げ、その部分を冷やすことによって脂肪細胞の減少を図ります。キャビテーションとは「発泡《はっぽう》現象」を意味する言葉で、本来は物理の分野で使われます。超音波を使ってキャビテーション現象を起こし、脂肪細胞を破壊する方法をいうようです。どちらの方法もメスを使わないため、クリニックだけでなくエステにおいても使われています。

脂肪細胞を冷却する場合、吸引される場所の皮膚や脂肪の厚さや柔らかさによって吸引量が異なるため、実際に冷やされる脂肪の量などは、理論どおりにはいかない面も多いと考えられます。

超音波によって脂肪を破壊する方法は以前

からあり、医療機器として販売されていました。切開した小さな穴などから細い器具を体内に入れて脂肪を破壊する体内式と、皮膚の上から器具を当てて中の脂肪を破壊する体外式がありました。体内式は時間がかかり、脂肪吸引と比較しても大きな差がないため、機器の値段も高く効果は少ないということであまり流行《はや》らなかったようです。体外式超音波は、確かにうまく使えば効果はありますが、強すぎると皮膚に損傷を与えたり、皮下で破壊された脂肪細胞などが液状になり、まれに感染を起こしたりすることもあります。

おなかの脂肪を強くつかんで脂肪細胞をつぶし痩身を図る方法は、よくエステなどでも行われています。確かに一時的に脂肪が取れるといえます。しかしその後、血管に吸収された脂肪が組織に再吸収されないうちに有酸素運動などを行い、脂肪を消費しないと効果が少ないといわれています。ですから、脂肪を一時的に減少させたあと、増えないように運動や食事制限が必要になってきますが、これは脂肪冷却にもいえることです。

脂肪冷却や超音波などを使った痩身治療も、レーザー治療などと同じく使い方を誤ると事故につながる可能性がありますので、本来は医師が行うべきです。脂肪冷却には今のところ大きな事故の話は聞きませんが、行ったことのある医師の話では機械が高額なので費用も高くなるのに、患者満足度はそれほど高くないとのことです。やはり、医師にばかり頼らず、食事療法や運動も同時に行う必要があるようです。

▼豊胸術を安全に受けるために

過去に豊胸術として行われていた方法は、さまざまな合併症を起こしています。現在も合併症などがまったく起こらない方法はありませんので、メリットだけでなくデメリットについても術前に十分説明を受け、納得したうえで手術を受けてください。

現在最も安全性の高い方法は、体内に入っても拡散しない凝集型のシリコンゲルを入れたインプラントを使う方法です。インプラントは、数年前から関連学会やインプラント業者、そして厚生労働省もいっしょになって、使用ガイドラインが作成されました。乳房増大用ティッシュエキスパンダー（組織拡張器）とブレストインプラント（ゲル充てん人工乳房）の使用については、日本形成外科学会と日本美容外科学会（ＪＳＡＰＳ）が使用要件基準を作成し、事前に実施医師と実施施設の登録を行い講習会の受講を義務付けました。それにより、厚生労働省の承認したインプラントが、日本でも個人輸入することなく購入できるようになりました。

しかし一部のインプラントに、「ブレストインプラント関連未分化大細胞リンパ腫（ＢＩＡ－ＡＬＣＬ）」という腫瘍《しゅよう》が発生する問題が起こりました。発生率は、アメリカでは3万人に１人と推測されていますが、日本では２０１９年までに1例のみと、ごく稀《まれ》です。入れたものを取り出せとまではいわれませんが、該当のインプラントは使用できません。２０１９年10月から、代替品となるインプラントが承認され、使えるようになっています。

それほど大きな乳房を希望せず、皮膚にも余裕がある場合には、乳房下溝《かこう》やわきを切開し、周囲を広く剝離《はくり》して直接インプラントを入れます。周囲に瘢痕《はんこん》がある場合や大きなインプラントを入れる場合には、初めに組織拡張器を入れて十分なスペースを作成し、数ヵ月後にインプラントに入れ換えます。基本的に全身麻酔で行います。

手術の代表的な合併症は「被膜《ひまく》（カプセル）拘縮《こうしゅく》」です。生体の自然な免疫反応として、挿入したインプラントを包むように被膜がつくられます。この被膜が縮むと、インプラントが硬くなったり変形したりします。術後数ヵ月～十数年で起こり、再度手術をしてカプセルを広げたりインプラントを取り換える必要があります。

自分の脂肪を採取して入れる脂肪注入法は、以前はよくないといわれましたが、現在再開されています。大量の脂肪を1ヵ所に入れると、脂肪は生着せず感染や吸収などの合併症が起こりますが、ごく少量ずつ場所を変えて注入すると脂肪は生着します。ただし、生着率は一定ではなく、術者の技術や注入部位によって左右されます。大量注入できないので、自ずと大きさにも限界があります。うまく脂肪が生着しても、注入された脂肪の周囲には石灰沈着を起こしやすく、将来的には硬くなります。乳がんとの鑑別が難しくなります。

最近は、顔のしわなどに行うヒアルロン酸注入を、豊胸術として施行するクリニックが増えて

✦ 豊胸術の方法 ✦

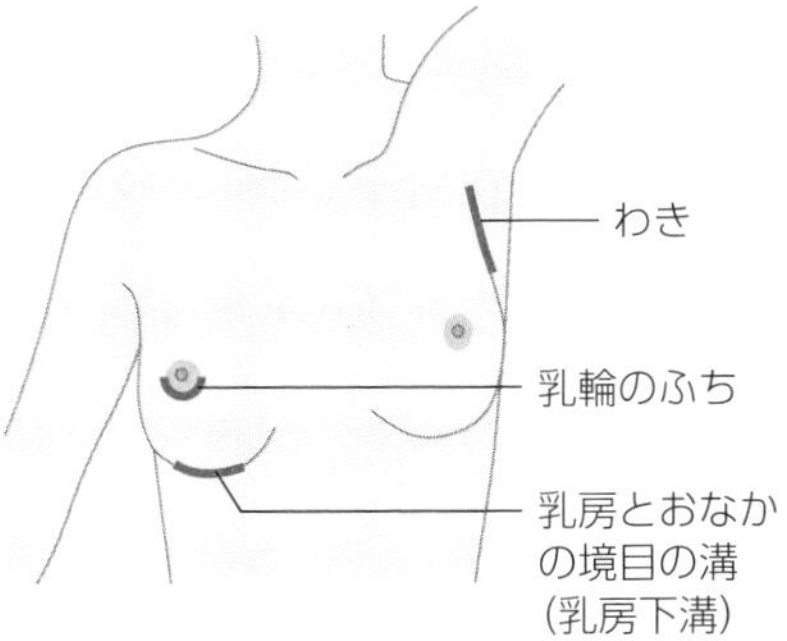

◀切開する部位

左図のいずれかを切開します。目立ちにくいことから、わきがよく選択されていますが、再手術となると乳房下溝手術がよいでしょう。乳輪切開は、現在あまり多くありません。

インプラントの挿入部位▶

インプラントは、大胸筋《だいきょうきん》の上か下に入れます。下はもともと乳房が小さい人に適し、術後に感染が起こりにくくなります。上は乳房がある程度大きい人に適し、動きなどが自然な仕上がりになります。

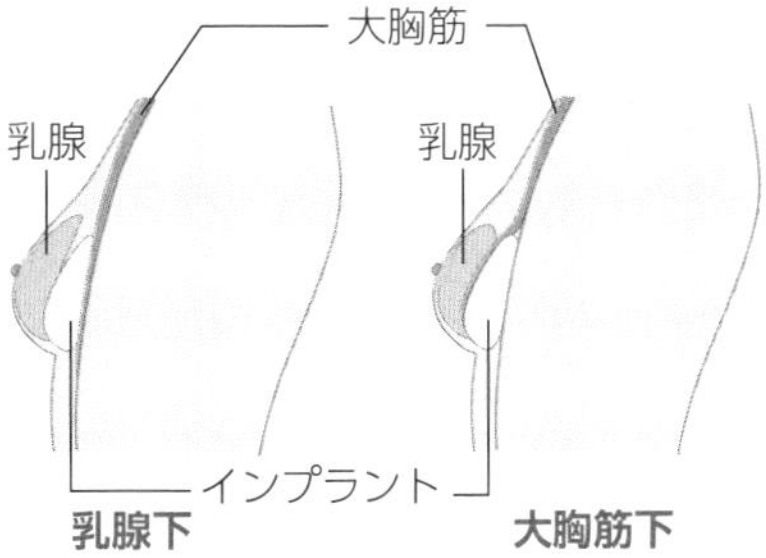

費用の相場	60万円～＋全身麻酔費、入院費
手術時間	3～4時間（両側）
入院期間	基本的に１日

一般的な経過

当日	術後入院。時に硬膜外麻酔（背中に入れる麻酔）で痛みをとる
翌日～	硬膜外麻酔を外し、包帯で胸を圧迫したまま退院。3～4日後に受診し、バストバンドなどに替える。シャワー浴可
10日後～	抜糸して、被膜拘縮を防ぐマッサージを教わる。入浴可
2週間後～	自分でマッサージを行い、生涯毎日続ける。傷跡は1ヵ月くらい赤みが残るが、以降薄くなる

います。この方法は脂肪を採取する手間もなく、既成のヒアルロン酸をただ注入するだけなので短時間でき、傷跡も残りません。一見よいように思えるかもしれませんが、ヒアルロン酸は外国製のものが多く、材質が悪いと術後感染や炎症を起こしますし、材質がよくても注入のしかたによって嚢腫《のうしゅ》を形成することがあります。注入が順調に行われたとしても、注入されたヒアルロン酸はいずれ徐々に吸収され、元通りになります。ヒアルロン酸の吸収を遅らせるために何らかの物質を混入したものも使われていますが、術後に多くのトラブルを起こしています。例えばさまざまな形を呈する硬い腫瘤《しゅりゅう》を生じたり、嚢腫を形成し感染を伴って赤く腫れたりします。熱も出ることが多く、摘出しようとしても完全には摘出できず大きな傷跡も残ります。

形成外科医からなる日本美容外科学会（ＪＳＡＰＳ）や国際美容外科学会（ＩＳＡＰＳ）では、ヒアルロン酸の注入療法は推奨していません。

▼乳房再建術の最前線

乳がんの手術で乳房を切除した場合では、乳房の再建を行います。ひと口に再建といっても乳がんの種類やステージ、術後の胸の状態によって再建法も大きく変わり、さらに摘出と再建を同時に行うか否かの問題もあります。再建法自体は、シリコンジェルが入ったシリコンバッグを使用する方法と自分の皮膚や脂肪、筋肉を使用する自家組織法《じかそしきほう》に大きく分けられます。

シリコンバッグ法は、美容外科の豊胸術とほぼ同じ方法で（↓Ｐ１３３）、胸の皮膚や筋肉、脂肪などがある程度残っているケースに行われます。最近は、乳房の組織をできるだけ温存する手術法が増えましたので、かなり多くの人に適用されます。

再建手術では、乳がん手術で摘出された組織量と同じ大きさのバッグを入れますが、その前にバッグを入れるための余裕のある皮膚をつくらなくてはなりません。そこで初めは皮下や筋肉の下に前述した「組織拡張器」という風船のような袋を入れ、生理食塩水を少しずつ入れて膨らませ、皮膚を伸ばしていきます。皮膚に余裕が得られたら、袋を取り出してシリコンジェルの入ったバッグを入れます。シリコンジェルはコヒーシブシリコンといって、何らかの外圧によってバッグが破損しても凝集して周りには広がらない性質をもっています。表面がざらざらしたタイプが、将来的に被膜拘縮（↓Ｐ１３４）を起こしにくいといわれ、よく使われましたが、前述したリンパ腫が生じる可能性があるため、現在は使われなくなりました。

この方法の最大の利点は、体のほかの場所に新たな傷をつくらないということです。体が太ったりやせたりしても、胸の大きさが変わらないのも特徴です。被膜拘縮を起こして再建乳房が変形をきたしても、入れ替えや修正が可能です。熟練した形成外科医が無菌的な操作で行えば、感染を起こす可能性も低く、安全な手術です。状態がよければ、再建時に乳輪や乳頭を同時につくることもできます。

乳房再建術の自家組織法

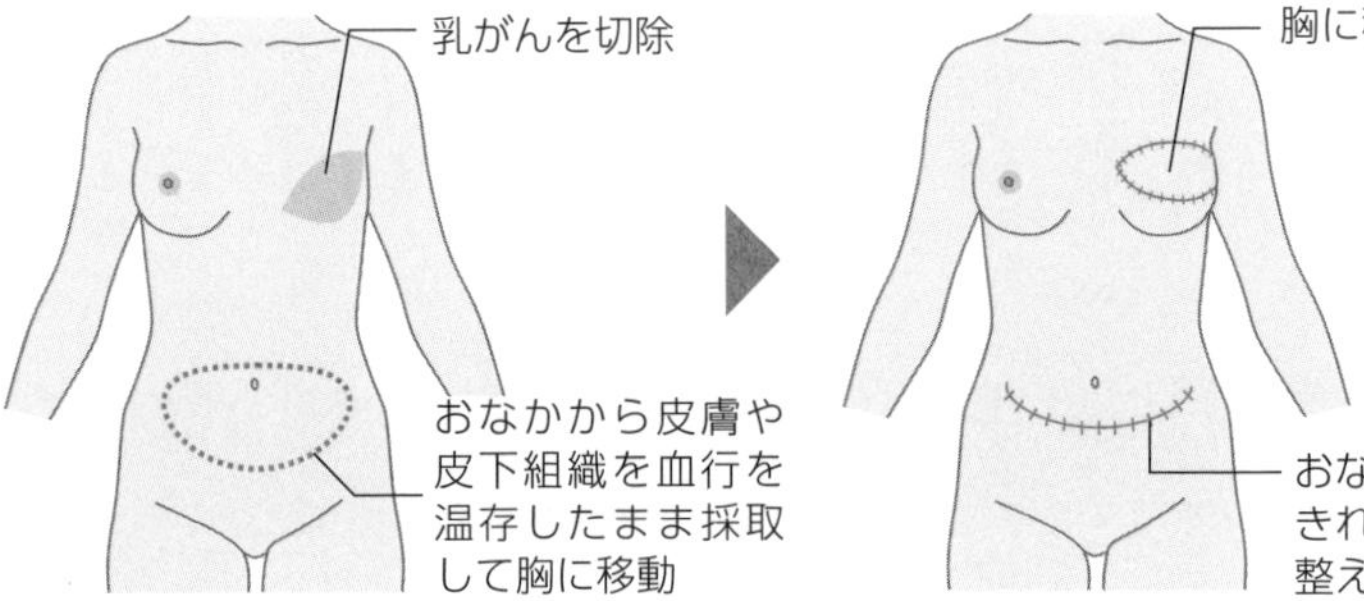
乳がんを切除
おなかから皮膚や
皮下組織を血行を
温存したまま採取
胸に移植する
おなかを
きれいに
整えて縫う

費用の相場	保険適用あり
手術時間	6～9時間
入院期間	10日～（乳がん手術と同時の場合）

自家組織を使用する方法は、皮膚や筋肉をかなり切除して皮膚にまったく余裕がなく、放射線照射によって皮膚が色素沈着や潰瘍《かいよう》を形成しているときなどに、第一選択として用いられます。背中や腹部などほかの場所から皮膚と皮下組織の脂肪や筋肉を採取して、胸に移植します。

かなり大きな手術であり、術後にしばしば腹筋が弱くなることがあります。体型が変化すると移植した組織も変化することがあり、修正が難しくなります。

自家組織法の利点は、自分の組織を利用するため、将来的に拘縮を起こさないということです。皮膚の状態が悪くシリコンバッグが使用できないときには欠かせない方法で、最近は熟練した形成外科医により、かなりきれいな乳房をつくることができます。

ほかにも、自家組織法にシリコンバッグを併用したり軽度の変形が残ったりした場合は、脂肪だけを移植する方法もあります。どの方法を用いるかは、乳がんの主治医や再建を担当する形成外科医から術前に十分に説明を聞き、話し合って決めるようにしてください。

▼乳輪・乳頭を小さくする

乳頭《にゅうとう》や乳輪《にゅうりん》の大きさは人種によっても異なり、思春期以降は東洋人のような黄色人種は白人より比較的乳頭が大きくなります。乳輪も個人差がありますが、乳房が大きくなると乳輪も引き伸ばされ大きくなります。色の濃さを気にされる方もいます。乳輪や乳頭はホルモンと関係が深く、妊娠すると徐々に色素沈着が増し、乳頭も肥大します。乳輪や乳頭の大きさは手術で変えられますが、手術時の年齢、今後妊娠や授乳の可能性があるかによって方法も変わります。

乳頭を縮小するときは、まず円柱状の乳頭の円周を狭くするように、乳頭の周囲の皮膚を縦方向に、乳管《にゅうかん》をなるべく傷つけないように2～3ヵ所でくさび状に切除します。その後、残った部分を上下に縮めるように乳頭の根元かまたは先端で水平に切除し、必要な高さにします。根元で切除するときには皮膚だけていねいに切除し、乳頭の血行や傷跡を考えて行います。先端で切除した場合には、先端が乾いて上皮化《じょうひか》するのに1週間ぐらいかかります。

乳頭縮小術

費用の相場	20万円～
手術時間	1～2時間（両側）
入院期間	日帰り手術

一般的な経過

当日	手術後、しばらく冷やしてから帰宅。シャワー不可。洗顔可
翌日	受診して消毒、血行などをチェック。シャワー浴可。自分で消毒する
10～14日後	抜糸。以降入浴可
2週間後～	腫れが引いてくる

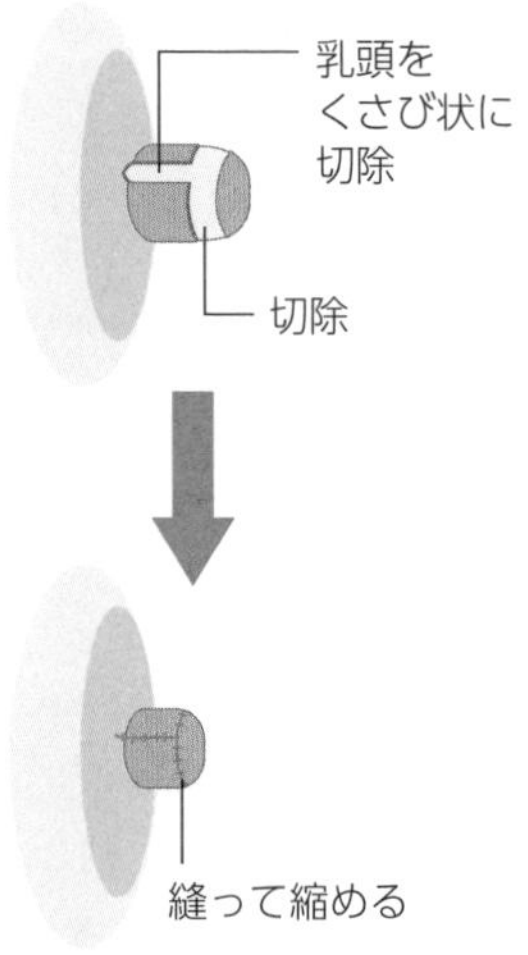

授乳によって乳頭が長くなった場合には、単純に先端で切除するだけでもよいのですが、太さも気になるなら前述した方法で細くします。今後授乳しない場合には、乳管を考慮しないで処理できますが、あまり小さい乳頭を希望すると、小さくなりすぎたり、乳頭の血行が悪くなり壊死《えし》して乳頭がなくなったりすることもあります。乳頭の知覚の問題もありますので、若い方はデメリットもよく考えて慎重に受けてください。

乳輪縮小術は、まず乳頭を中心として希望する大きさの円を乳輪の中にデザインします。その後現在の乳輪の外側の切開線を決め、その間の乳輪の皮膚をドーナツ型に切除します。外側の円と内側の円の長さはかなり違いますので、外側の皮膚を縮めるようにていね

乳輪縮小術

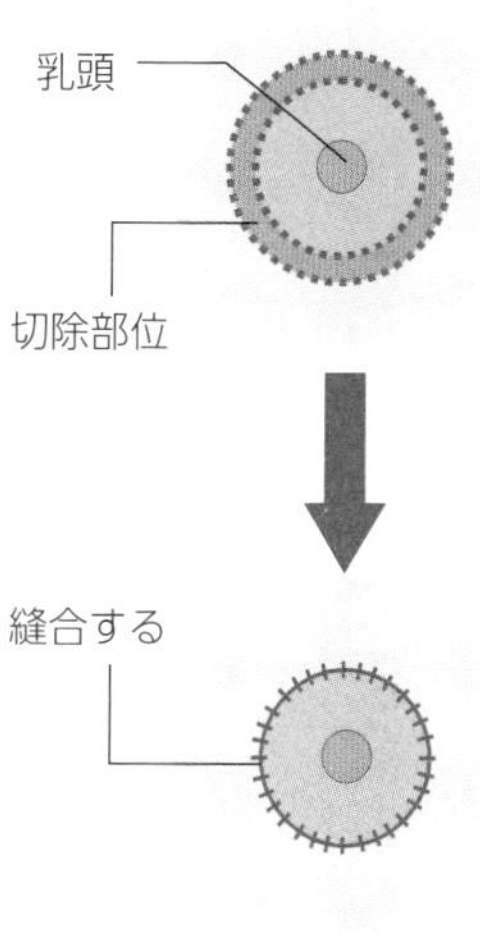

費用の相場	25万円～
手術時間	1～2時間（両側）
入院期間	日帰り手術

一般的な経過

当日	手術後、しばらく冷やしてから帰宅。シャワー不可。洗顔可
翌日	受診して消毒。シャワー浴可。自分で消毒する
10～14日	抜糸。以降入浴可
2週間後～	腫れが引いてくる

いに縫い寄せます。乳輪の大きさは皮膚を正確に伸ばしながら決めます。抜糸後の傷が開かないように、中縫いという真皮の縫合も密に行い、術後はテープ固定し、できるだけきれいな傷跡になるようにします。

周囲の皮膚は、余った部分が初めはギャザーのようになっています。乳輪の皮膚は周囲に適応する性質をもっているので、時間の経過とともに平坦にきれいになります。ただし、重力のかかる方向をよく考えて左右の高さが同じになるようにし、縫い方もていねいに行わないと傷跡が目立ちます。

一見簡単に思えますが、意外と難しい手術です。手術方法を直接執刀医によく聞き、納得のいく説明が得られてから手術を受けてください。

アンチエイジングで若々しい見た目になる

▼レーザー治療や光治療で皮膚のしみを消す

一般的に、しみは後天的に生じてできたもので、皮膚中のメラニンの量が増えることによって起こります。原因は、長年浴びた日光（紫外線）や、こする・傷をつけるといった物理的な刺激です。ホルモンの影響で、メラニンの産生量が増えて起こることもあります。

しみを消すには、まずしみがどの種類かを診断することが重要です。種類によって適した治療法が異なるほか、レーザー治療で悪化するしみもあるためです。まずは皮膚科や形成外科を受診し、診断がついたあとに、必要に応じて美容外科を受診してレーザー治療を受けてください。

●しみの種類と主な治療法

▼**そばかす（雀卵斑《じゃくらんはん》）**……薄い褐色の小さな色素斑が多数みられます。子どもにも発生します。

薄いものでは、まず日焼けしないようにし、ビタミンCを内服します。ビタミンCはメラニンの生成を抑え、メラニンの色が濃くなるのを防ぐ作用があります。メラニンを排出する「トレチノイン」や、色素を抑える「ハイドロキノン」といった塗り薬も効果があります。

しみができるしくみ

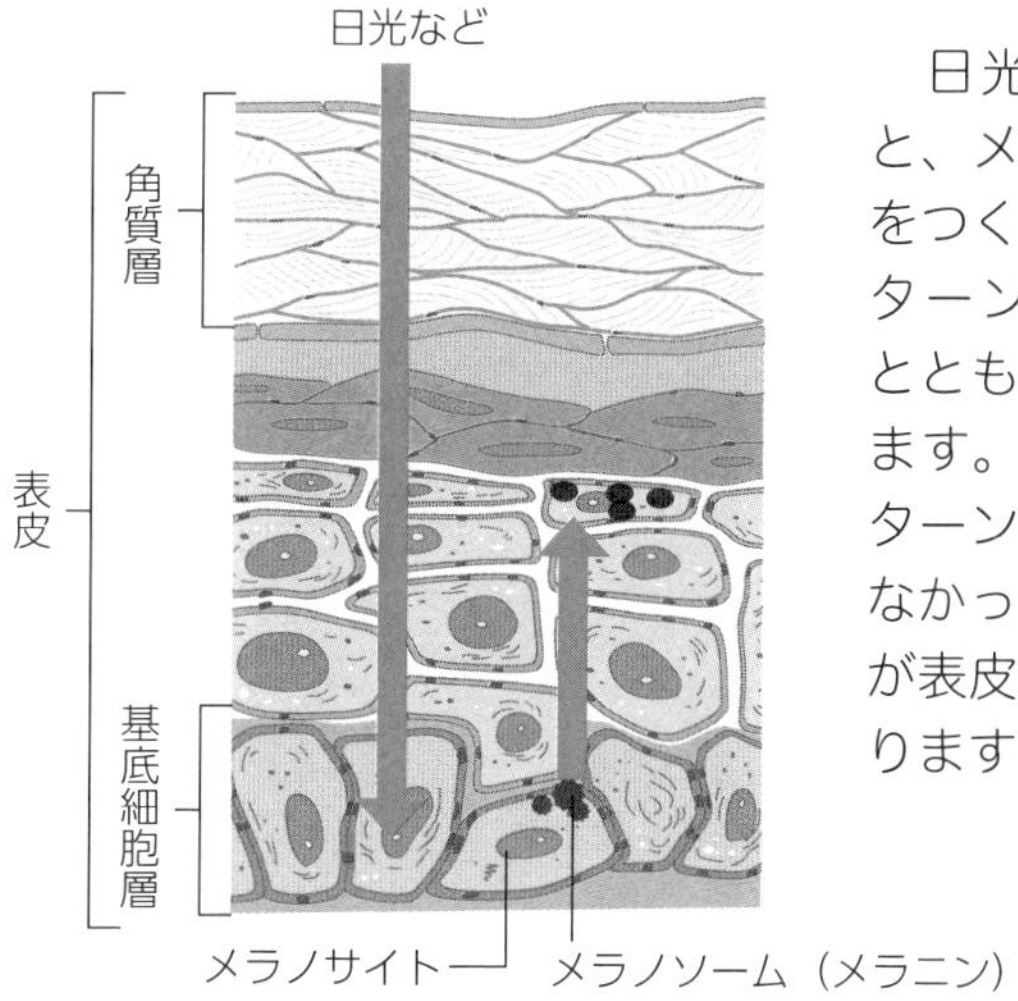

日光などの刺激を受けると、メラノサイトがメラニンをつくります。通常、表皮のターンオーバー（→P115）とともに、メラニンも脱落します。刺激が長く続いたり、ターンオーバーがうまくいかなかったりすると、メラニンが表皮に蓄積されてしみになります。

消えにくい場合には、色素性病変に対して最も効果のあるレーザー光を用います（→P101）。適したレーザー光は、Q《キュー》スイッチルビーレーザー、Qスイッチアレキサンドライトレーザー、QスイッチNd《エヌディー》：Y《ヤ》AG《グ》レーザーなどです。IPLという、いわゆる「光治療」も効果があります。光治療では、レーザー光のような単一波長の光ではなく、フィルターをかけることによって、有害な光線を除去した光を当てます。

最新の機器はピコ秒レーザーで（→P117）、しみにも効果的です。Qスイッチレーザーと比べて痛みが少なくダウンタイムがないので使いやすいのですが、しみには出力を弱くして照射するので複数回施術しないと効果が現れません。

▼**老人性色素斑（日光性黒子《こくし》）**……茶褐色で、ところどころに黒い部分があります。レーザー治療が可能で、そばかすと同様の方法で行います。電気凝固法や液体窒素で焼く方法もあります。

▼**脂漏性角化症《しろうせいかくかしょう》**……黒褐色のしみで、皮膚表面がざらざらして盛り上がった状態です。治療はレーザー光を複数回当てる方法か、炭酸ガスレーザーや電気凝固で皮膚表面を平坦にしたあと、レーザー光を当てるという方法があります。

▼**遅発性太田母斑様色素斑《ちはっせいおおたぼはんようしきそはん》／肝斑《かんぱん》**……皮膚の下のほうが黒くなってくすんだ感じに見えます。正しい診断がついたあと、まず内服薬と外用薬による治療を行います。レーザー治療で悪化することがあるため、実施する際は慎重に行ってください。現在は、レーザートーニングという非常に弱いレーザー光を使います。

▼**日光角化症**……赤みをもち、ところどころザラザラしています。表皮のごく浅い部分が、がんのようになっているものもあります。がんが疑われる場合は、皮膚を少し切除して調べる必要があります。がんでなければ切除するか、十分に深くまで電気凝固します。

▼**悪性黒色腫《こくしょくしゅ》**……真っ黒でほくろのようにも見えますが、周囲にもにじみ出るようなものです。皮膚がんの1つで（↓P106）、皮膚を切除して調べる必要があります。

●レーザー治療を受けるときの注意

最近は、「レーザー治療」という言葉がひとり歩きし、レーザー治療で何でも治ると考える人

しみに対するレーザー治療

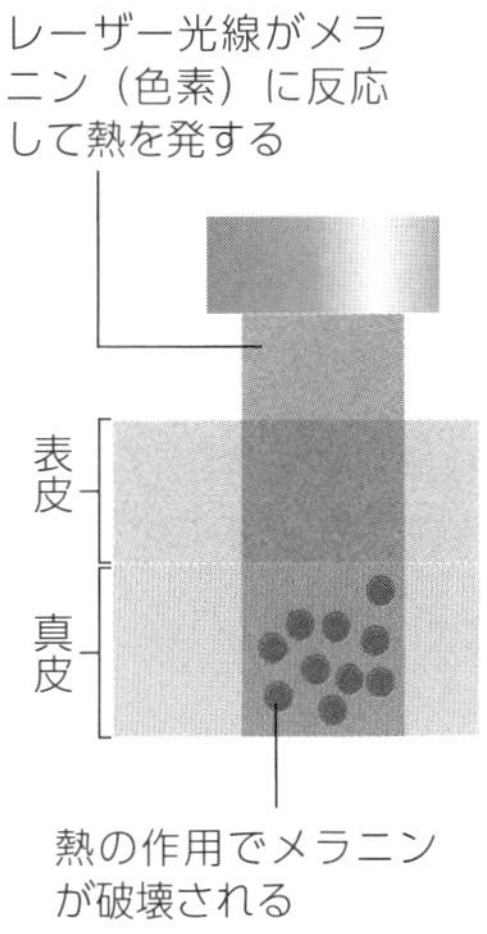
レーザー光線がメラニン（色素）に反応して熱を発する
表皮
真皮
熱の作用でメラニンが破壊される

費用の相場	１～３万円（範囲による）
手術時間	30 分程度（範囲による）
入院期間	日帰り手術

一般的な経過

当日	治療部位は日焼けのような状態になる。治療後しばらく冷やして帰宅。日傘などで日よけをする。入浴・洗顔不可
翌日～３日後	洗顔・入浴可。軟膏を１日２回ぬる。治療部位にかさぶたができ始めたら、軟膏はぬらなくてよい。日傘や日焼け止めクリームで日よけをする
7～10日後	かさぶたが自然にはがれたらメイク可（無理にはがさない）。赤みが残る
2～3週間後	時に赤みが徐々にうす茶色になる（炎症後色素沈着）

も少なくありません。ひとくちにレーザー光線といっても種類が多く、効果が異なります。最適な波長を選ばないと、しみに対する効果も低くなります。

レーザー治療を受けたあとには、「炎症後色素沈着」という治療後のしみが必ずできます。この色素沈着は、数ヵ月から1年ほどかかりますが、時間とともに消えます。紫外線に当たると消えにくくなりますので、治療後は日傘や帽子、日焼け止めクリームなどを使って遮光を心がけてください。

しみのレーザー治療は、原則として自由診療です。脂漏性角化症、日光角化症、悪性黒色腫などは公的医療保険が適用できる治療法もありますが、レーザー治療は適用されません。受診時に医療機関で相談してください。

▼しわの原因と治療

加齢によって起こるしわの大きな原因は紫外線です。紫外線の影響は蓄積されますので、若いころに日焼けした皮膚は真皮のコラーゲンという線維細胞の老化が激しく、しみもしわもできやすくなります。皮膚の厚さにも個人差があります。皮膚の薄い人は若いころから笑いじわのような小じわができやすく、皮膚の厚い人は真皮のコラーゲンの生成も多く、しわになりにくいといえます。急にやせたりすると、皮下脂肪が減ることで皮膚がたるみやすくなり、重力で皮膚が垂れてしわができます。笑ったり怒ったり悩んだりした場合も、表情筋がしわをつくります。

しわを改善する治療法は、手術をしない方法と、手術をする方法の2つに分けられます。

●手術以外の治療法

手術をしない方法は、「しわの凹んだところに何かを入れて持ち上げる方法」「しわをつくる筋肉をマヒさせて、しわをつくらないようにする方法」「レーザー機器などで皮膚を引き締める方法」の3つに分けられます。

最近話題になっているのは、ヒアルロン酸の注入です。人工的に作ったヒアルロン酸を、しわの凹んだところに細い針で入れます。最も重要なのは、注入するヒアルロン酸の品質です。ヒアルロン酸自体は、もともと人体にあるもので安全ですが、注入したものは早ければ3ヵ月で吸収

しわの注入療法

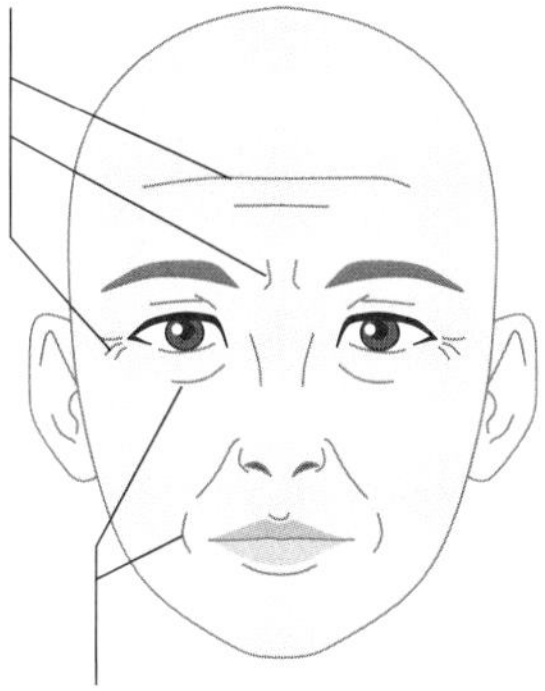

費用の相場	ヒアルロン酸の場合６万円、ボトックスの場合３万円
手術時間	10～30分程度（部位や範囲による）
入院期間	日帰り手術

一般的な経過

当日	治療後、合併症がないことを確認したら帰宅。洗顔・入浴可、ただし１週間程度は治療部位への圧迫などは禁止
翌日～	メイク可。腫れや皮下出血などが起こる場合もあるが、自然に治まる

されます。人工的に作られたヒアルロン酸は、材料や精製技術が悪かったり、ヒアルロン酸の吸収を遅らせるための余分な成分が含まれたりしていることがあります。吸収されないものは、注入物の形が残って危険です。

注入技術によっても効果があまり出なかったり、深く入れすぎると吸収が早まったりします。いちばん怖いのは、ヒアルロン酸が血管の中に入り、血管を閉塞《へいそく》して皮膚の血行が阻害《そがい》されて皮膚が壊死《えし》することです。ごくまれに、眼に流れる血管に入り失明したという例もあります。

筋肉をマヒさせてしわをつくらない方法には、現在、ボツリヌス菌が産出する毒素と同じ成分の「ボトックス」という薬を使います。ボトックスを眉間や前額部《ぜんがくぶ》（おでこ）の筋肉内に注入し、神経をマヒさせてしわができないようにする方法です。しわをつくらなくなると、もともとあったしわも浅くなって目立たなくなります。ただし、効果は数ヵ月程度しか持続しないため、効果がなくなったらまた受けなくてはなりません。正確に注入されないと、眼瞼下垂《がんけんかすい》（まぶたが上がらなくなる状態）を生じるなど数ヵ月間悩むことになります。

レーザーのような光を当てる方法は、効果のあるものは費用も時間もかかりますが、ヒアルロン酸やボトックスに比較すると効果は劣ります。

近年は「PRP《ピーアールピー》」といって、患者さんの血液を採取し、多数の血小板を含んだ血漿（血液の液体成分）を取り出して、しわに注射する方法が登場しました。血小板には傷の修復を促す作用があり、真皮のコラーゲンなどをつくる「線維芽《せんいが》細胞」を活性化させます。しわのある部分に血小板を注入すると、線維芽細胞が活性化してコラーゲンやヒアルロン酸などをつくり、真皮が修復されます。自分の組織を利用した治療ですから、体が自分で調整して過不足のない状態で修復が止まります。デメリットは、効果の持続期間が短いこと、また注入療法としては高額であることと、治療を受けられる医療機関が限られることです。

これらの方法は、持続期間を経て元に戻ることからプチ整形などと呼ばれ、手軽に行われる傾向があります。一方で、薬剤の品質や医師の技量不足によるトラブルも起こっていますので、きちんと研修を済ませた医師を受診し、よく考えて方法を選択しましょう。

✦ フェイスリフト（全身麻酔の場合） ✦

費用の相場	60万円（別途、全身麻酔費や入院費が必要）
手術時間	5〜6時間
入院期間	1日

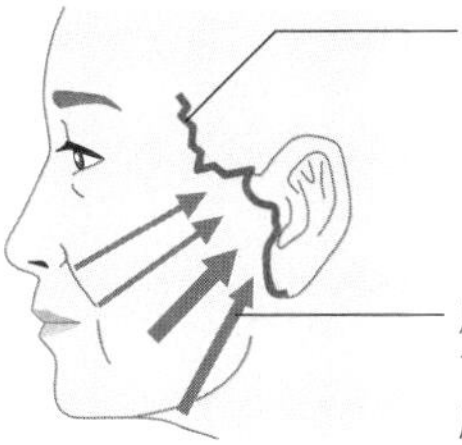
皮膚を切開する
皮膚を剥離して持ち上げ、余った皮膚を切除する

一般的な経過	
当日	手術後、入院。血液がたまらないようにチューブ（ドレーン）が入っている。薬で鎮痛する
翌日	ドレーンを外し、包帯で圧迫したまま退院。包帯を外してはいけない。洗髪・洗顔・入浴不可
2〜4日後	受診し、包帯を外して消毒。入浴可
1〜2週間後	受診して抜糸。抜糸後、皮下出血や腫れが徐々に落ち着き始める
1・2ヵ月後	受診して状態を確認。腫れなどはだいぶ落ち着く

●手術で改善する方法

手術をせずにしわをとる方法では、効果には自ずと限界があります。ある程度年齢が高く皮膚のたるみが大きい人には、少し大がかりになりますが皮膚を切って取るフェイスリフトをおすすめします。フェイスリフトを行うには2週間ほどの期間が必要ですが、効果は確かで何年も持続します。

一般に行われるフェイスリフトは、もみあげの上から耳の前を通ってさらに耳のうしろまで切開し、皮膚の下をほうれい線の近くまで剥離《はくり》します。皮膚を斜め上方に引き上げて余った皮膚を切除します。

皮膚の切除を少なくして少しだけしわを伸ばしたいという人には、剥離範囲を狭くして頬だけを上げる方法があります。ほかにも、首のたるみやしわ、額のしわなど、伸ばしたい部位に応じて切開線が異なります。

基本的には入院し、口から管を入れる全身麻酔か静脈への薬剤点滴による静脈麻酔で行いますが、手術範囲が狭ければ局所麻酔も可能です。どちらも、麻酔をして皮膚を剝離し、余った皮膚を切り取るわけですから、皮下出血や腫《は》れを伴います。手術の範囲が広いか狭いかだけの違いで、仕事などを休まずに受けられる手術ではありません。

フェイスリフトは、血腫《けっしゅ》(血液のかたまり)、顔面神経マヒ、皮膚壊死などの合併症を起こす可能性があります。術後の傷あとの糸を結んだ部分にしこりや赤みを生じて、痛みを訴える人も少なくありませんが、多くは中縫いの糸を除けば治ります。手抜き手術をされ、効果がなかったのに高い費用を請求される人もいます。熟練の医師を選ぶことと、術前に医師とよく話し合って納得してから受けることが重要です。

最近は、切らないフェイスリフトとして、皮膚を糸で引き上げる方法も流行しています。皮膚の真皮か皮下組織などに糸を引っかけて、その糸を上方にある筋膜《きんまく》や骨膜《こつまく》に吊り上げ固定する方法です。まったく切らないわけではなく、小さな切開は必要です。一時的には効果がありますが、引っかけた真皮や皮下組織もたるんだり、糸が切れたりしますので長持ちしません。費用は通常と同じ程度かかります。

以前から、細い金の糸を頬に何本も刺し網目状に残して皮膚を吊り上げる方法が宣伝されています。金に対するアレルギーがあると、皮膚が真っ赤になって腫れ上がります。
　また、ＭＲＩなどの画像検査も受けられなくなります。

まぶたを開きやすくする

　上のまぶたが開きにくくなる病気を「眼瞼《がんけん》下垂《かすい》」といい、まぶたを上げてもふちが瞳孔《どうこう》にかかる場合に、眼瞼下垂と診断されます。先天性（生まれつき）のものもありますが、後天性のものは誰にでも起こり得ます。

　一般的に後天性のものは、加齢によってまぶたの皮膚と筋肉がゆるむことが原因です。それぞれが単独に、または同時に起こることで、まぶたが垂れて開きにくくなるため、治療前に原因をよく調べる必要があります。

眼瞼下垂の起こり方

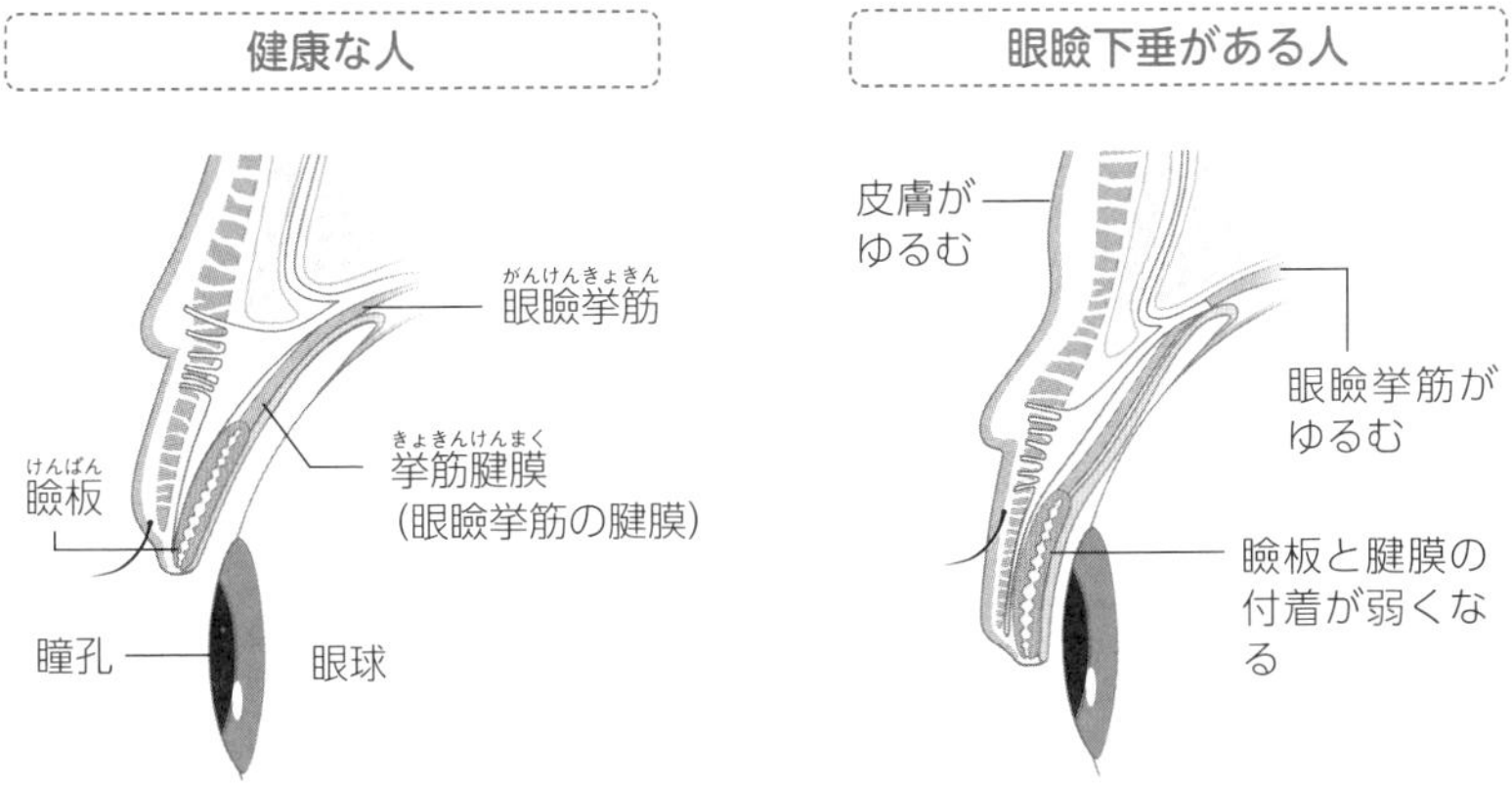

眼瞼挙筋や腱膜、瞼板が連動してまぶたが開く

まぶたの皮膚や筋肉がゆるんで、まぶたが開きにくくなる。まぶたが瞳孔にかかり見づらいと感じる

一重《ひとえ》のほうが眼瞼下垂になりやすいのですが、二重《ふたえ》でも二重の線が広くなり下垂することがあります。特に、コンタクトレンズを長期間使用してきた人や、アトピー性皮膚炎などがあり目をよくこする人は早く現れます。コンタクトレンズ使用時の刺激や、引っ張るという物理的作用が、「眼瞼挙筋」という筋肉の弛緩《しかん》を早めるためです。眼瞼挙筋は、瞼板（まぶたを上にひっくり返したときに白く光って見えるところ）を上に引き上げる筋肉です。眼瞼挙筋が薄くなって伸びたり、瞼板との付着部が弱くなったりして、まぶたの下垂が起こるわけです。

まぶたが開きにくくなる病気には、眼瞼けいれん、顔面神経マヒ、動眼《どうがん》神経マヒなどもあり、見えにくさには屈折障害なども影響します。これらは治療法が異なるため、まずは眼科を受診して検査を受け、きちんと診断を受けることが重要です。後天性の眼瞼下垂は基本的にゆっくりと進行しますが、まれに突然まぶたが開きにくくなる場合もあります。このときは脳卒中や脳梗塞など別の病気の可能性がありますので、急いで医療機関を受診してください。

眼瞼下垂があると、額にしわを寄せて眉を上げることで目を開こうとします。この動作は、長く続けていると目が疲れるばかりでなく頭痛や肩こりも起こって、本や新聞を読むのもテレビを見るのも億劫になってきます。眼瞼下垂で日常生活に差し障りのある場合には、治療に公的医療保険が使えます。ただし、美容を目的とした二重の手術を希望する場合は、公的医療保険が使えず全額自費になります。筋肉に原因がある場合、二重手術の術式によっては症状が悪化するため、

眼瞼下垂の手術

皮膚切除術

眉毛の下を切除することもある
まつ毛の上か二重の線に合わせて
切開し、皮膚を数 mm 切除する

筋膜移植術

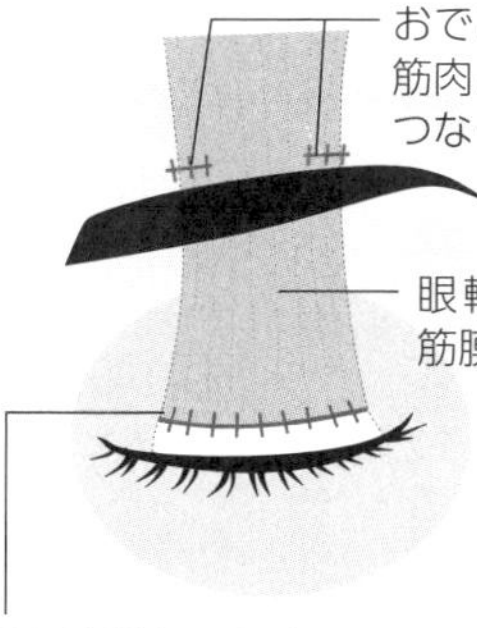
おでこの
筋肉と筋膜を
つなぐ
眼輪筋の下に
筋膜を通す
瞼板と筋膜をつなぐ

挙筋短縮術

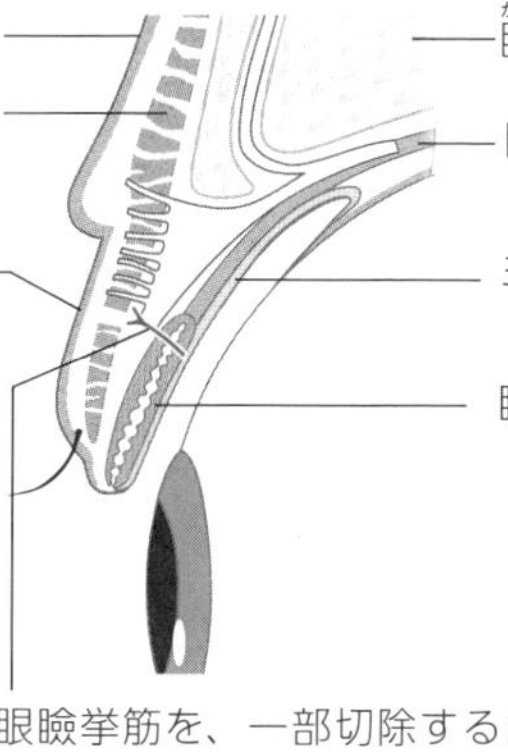
皮膚
眼輪筋
眼窩《がんか》内脂肪
眼瞼挙筋
まぶたの皮膚を切開
して眼瞼挙筋を出す
ミュラー筋
瞼板
折り畳んで瞼板に縫い付ける

費用の相場	（挙筋短縮術、両側） 保険適用あり。 自由診療の場合は 30万円
手術時間	約1～2時間
入院期間	基本的に日帰り

一般的な経過	
当日	手術直後、30分ほど冷やしてから帰宅。自宅で冷やして安静にする。傷を固定するテープやガーゼは剥がさない。目をこすらない
翌日～2日後	受診して消毒。シャワー浴可。以降自分で消毒。目をこすらない
1～2週間後	受診して抜糸。抜糸後、皮下出血や腫れが徐々に落ち着き始める
1～3ヵ月後	1ヵ月ごとに受診して状態を確認。腫れなどはだいぶ落ち着く

術前の確認が重要です。

皮膚の弛緩だけが原因の場合は、下垂した皮膚を二重の線のところで切除します。二重を希望しない人には、まつげのすぐ上で切除します。眉毛の下で切除することもありますが、できあがりの形や年齢なども考慮して、患者さんとよく相談して決めます。埋没式（↓P78）で二重をつくるとたるんだ皮膚が少し上がって、見やすくなることもあります。

眼瞼挙筋が伸びている場合は切開して眼瞼挙筋を露出し、必要な分だけ切除するか折り畳むようにして挙筋を短縮します。瞼板と挙筋の接合部がゆるんでいるときには、ナイロン糸で両者をしっかりと固定します。

先天性の眼瞼下垂も、後天性と同様に眼瞼挙筋を短縮します。挙筋がまったく働かないときには太ももなどから筋膜を採取し、瞼板と眉毛の皮下に筋膜を移植して連結させます。額にしわを寄せて眉毛を上げると、まぶたもいっしょに上がるようになります。

手術は局所麻酔で行いますので日帰り手術も可能ですが、高齢者や遠方から受診している人は原則として当日は入院し、まぶたをよく冷やして安静にしてもらいます。患部の冷却と安静で、術後の出血も腫れも少なくできるからです。筋膜移植を行うときには、入院して受けたほうが痛みも少なく安全です。抜糸は1週間後に行いますが、腫れや皮下出血が引くまでには2週間くらいかかります。

毛のしくみと脱毛症の起こり方

健康な毛のしくみ

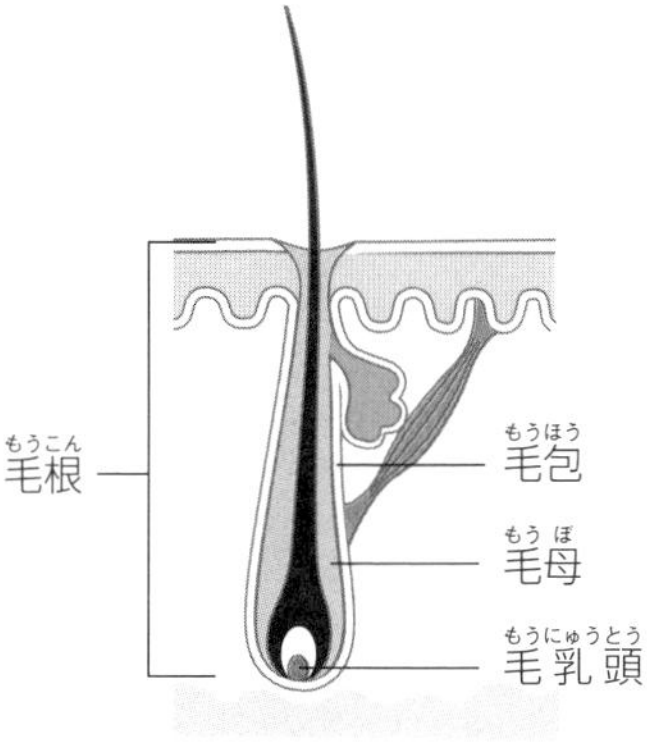

円形脱毛症の場合

毛包が免疫細胞の攻撃を受けて破壊される。精神的ストレスが誘因といわれるが、なぜ免疫細胞が攻撃するかはわかっていない。

男性型（女性型）脱毛症

男性ホルモンの影響で、毛周期（→ P109）が早くなる。毛包が小さくなって産毛《うぶげ》のようになり（軟毛化《なんもうか》）、脱毛する。

薄毛や脱毛症を薬で治す

年をとると、誰でも髪の毛が薄くなり気になります。髪の毛の量や太さ、白髪になったり脱毛したりする時期も、すべて遺伝子で決まります。したがって、髪の毛の運命を変えるのはなかなか難しい話なのですが、最近は研究が進み、科学的に根拠があり効果のある治療薬が登場しました。

髪の毛を少しでも失いたくないと思う人は、よいといわれる方法を試すと同時に、髪の毛に悪影響を及ぼすといわれることをできるだけ避けることが重要です。悪影響にはまずタバコと紫外線が挙げられますが、精神的なストレスや乱暴な洗髪、マッサージのしすぎなども避けなくてはなりません。育毛剤は毛穴からよく浸透するので、洗髪して清潔に保ちましょう。

脱毛には、突然生じてくる病的な円形脱毛症があります。円形脱毛症の治療は保険が効きますので、まず皮膚科を受診して薬物療法や液体窒素療法などを受けましょう。

男性の壮年期に起こる薄毛、脱毛に対して、信頼度が高く最もよく使われているのは、フィナステリド（プロペシア）やデュタステリド（ザガーロ）というのみ薬と、ミノキシジル（リアップなど）という血管拡張作用がある外用薬です。フィナステリドかデュタステリドを1日1回服用し、ミノキシジルを朝晩1回ずつ頭部に散布して軽くマッサージをします。この方法は、頭頂部から薄くなってくる男性型脱毛症には特に有効で、3～6ヵ月で効果が現れます。

フィナステリドとデュタステリドは、もともと前立腺肥大症の治療薬として開発されたものでホルモン薬の1つです。女性には使用できません。副作用として、性欲減退や勃起《ぼっき》障害、うつ病などがときどき報告されています。医師に相談してから使用してください。

女性の薄毛や脱毛に対しては、女性ホルモンの内服とミノキシジルの入った女性用の育毛剤を使用します。大手の製薬会社や化粧品会社でも各種の育毛剤が開発されていますが、すべての薄毛や脱毛症に効く画期的な薬はありませんので、自分に合ったものを探しましょう。

薬の効果がない人には、植毛《しょくもう》という外科的な治療方法があります。過去に、ナイロンなどででき た人工毛を植える方法も試されましたが、1年程度で炎症を起こして抜けてしまうので、現在

植毛法

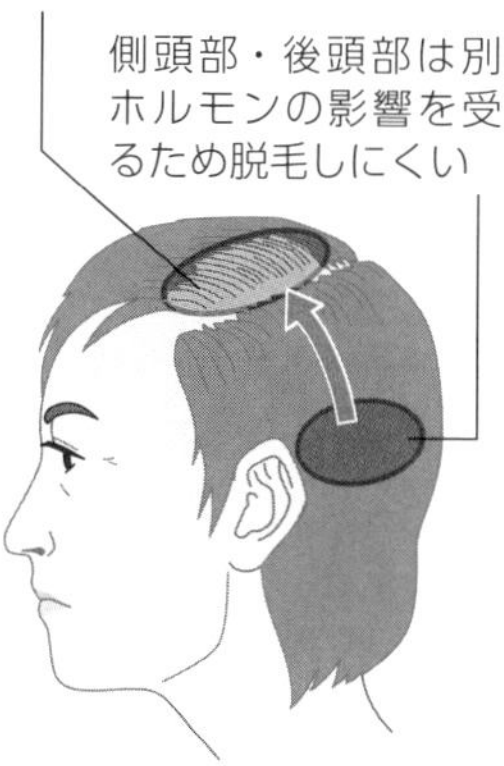
前頭部と頭頂部は女性ホルモンの影響を受け、脱毛しやすい

たくさん生えている部位から毛を採取し、生え際などに植毛する

費用の相場	1000株で100万円（本数や範囲による）
手術時間	約2～4時間
入院期間	基本的に日帰り

一般的な経過

当日	手術直後、1時間ほど冷やしてから帰宅。シャワー浴可、洗髪不可
翌日～	植毛・採取部位は1週間ぬらしたりこすったりしない
1・2週間後～	受診して抜糸。洗髪可。植毛部位の毛が一度抜け始める。1ヵ月後から散髪・毛染め可
3～4ヵ月後	受診して状態をみる。植毛部位の毛が再び生え始める

はほとんど行われていません。

現在の主流は、自分の後頭部など毛髪の残っている部位から毛髪を採取して、1～3本ずつ植える単一植毛法です。この方法だと、毛根が採取部位の性質を保ちますので、移植した毛髪が一度抜けたあとに、また生えてきます。最近は技術も向上して、採取部位にもほとんど跡が残らずよい結果を出しているところもあります。ただし料金が高額で、手術後もしばらくミノキシジルやフィナステリドを使い続ける必要があります。

クリニックによっては、粗雑な手術を行ったり詐欺まがいの方法を勧めたりするところもあります。治療を受ける前に十分に調べ、主治医の話を直接聞いてから受けるようにしてください。

美容外科手術で悩み解決

▼多汗症やわきがの治療法

汗は、2つの汗腺《かんせん》から分泌されます。「アポクリン汗腺」は真皮と皮下組織のあいだに分泌部があり、毛穴に開口しています。もう1つの「エクリン汗腺」は分泌部が真皮にあり、汗孔《かんこう》が皮膚表面に直接開口しています。

多汗症は、全身または局所から汗が多量に出る状態です。原因となるのはエクリン汗腺で、ほぼ全身の皮膚の中にあり、手術で取り除くことは不可能です。治療は、まず汗の量を減らす「塩化アルミニウム」の入った制汗剤を使い、効果がなければエクリン汗腺を支配する交感神経をブロックする方法を行います。どちらの治療法も、公的医療保険が適用できます。

交感神経をブロックする方法では、ボツリヌス菌の出す毒素を使った「ボトックス」という注射液を使います。ボトックスを直接わきの下に注射して、汗の分泌を抑えます。ボトックスの効果は5～6ヵ月でなくなりますので、定期的に通う必要があります。

わきが（腋臭症《えきしゅうしょう》）は、汗の量にかかわらず、特有のにおいを発する状態です。においの主な原

汗腺のしくみ

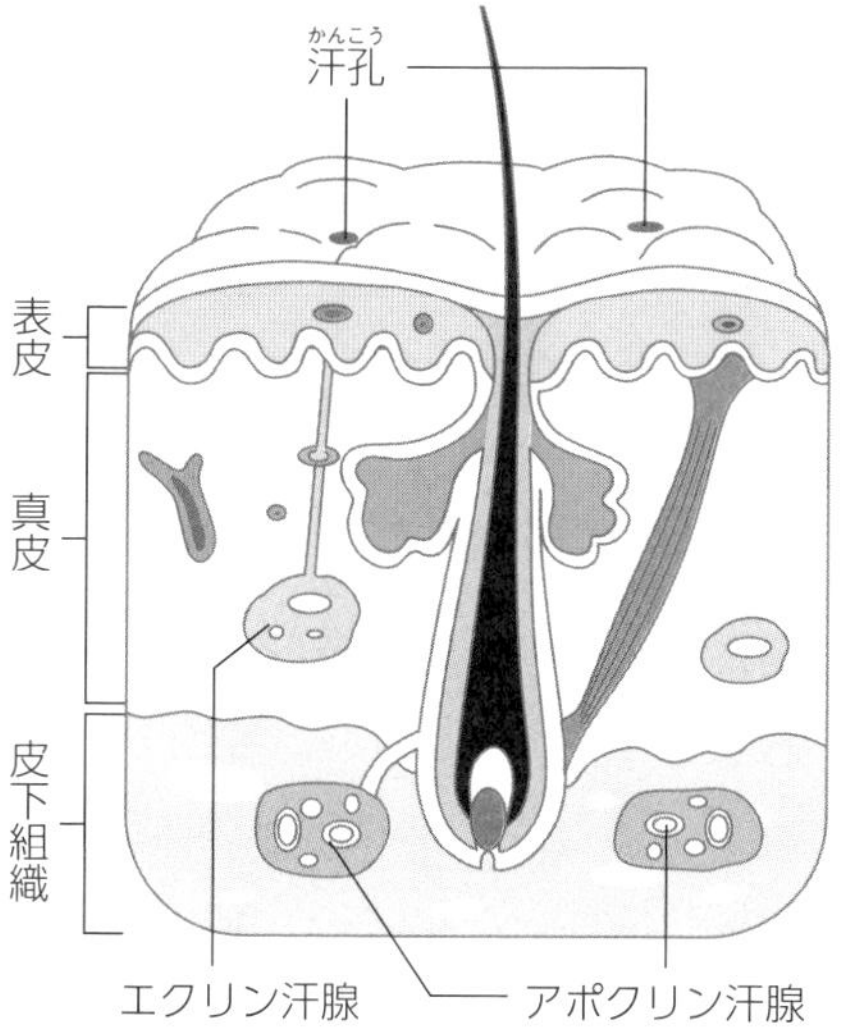

エクリン汗腺
ほぼ全身（200～500万個）の皮膚表面に汗孔がある。温熱刺激や精神的緊張により発汗。気化熱で体温を低下させ体温を調節する。

アポクリン汗腺
わきの下、外陰部、耳などの毛穴に開口する。思春期に性ホルモンの影響で分泌が増え、独特のにおいがある。においの強いものがわきがになる。

因はアポクリン汗腺で、わきなどに多く分布します。アポクリン汗腺から出る汗には本来においがありませんが、アポクリン汗腺の汗や皮脂腺《ひしせん》から出る皮脂に細菌が混ざると特有のにおいを発します。

　わきがになるかどうかは、遺伝的な影響を受けます。程度の差はあれ、白人や黒人ではほぼ8～9割が、わきがをもっています。一方日本人では10人に1人程度なので、気にする人も多いようです。

　わきがは、まめにシャワーを浴びるなどしてわきの清潔を保つと、においが軽減します。まずは皮膚科を受診して、多汗症と同じく塩化アルミニウムの入った制汗剤を処方してもらいましょう。制汗剤で症状が軽快して気にならなくなればよいと思います。しかし満足できないときには形成外科を受診して手術的な方法で治療することになります。

わきがの治療で、公的医療保険が適応される手術法は「剪除法《せんじょほう》」です。わきの下を切開し、毛が生えている皮下を剝離《はくり》し、その皮膚を反転して真皮と皮下組織のあいだにあるアポクリン汗腺をはさみでていねいに除去します。

術後は、剝離した皮膚の下に血液が溜まらないように圧迫固定して、腕を動かさないことが重要です。両側を同時に手術するときには入院する必要があります。抜糸は1～2週間後に行います。抜糸後も、2週間程度は激しい運動はできません。

保険適応のない機器を使う方法としては、超音波でアポクリン汗腺を破壊する方法があります。わきの下に小さな切開を加えて細い器具を入れ、汗腺を壊すと同時に止血も行っていきます。この方法は、熟練した医師が行うと日帰り手術で受けられて結果もよいですが、慣れない医師だとアポクリン汗腺がかなり残ったり、皮膚が壊死《えし》を起こして醜い傷跡（瘢痕《はんこん》）を残したりすることになります。先が回転して、皮膚を裏側から削って汗腺を取り除く機器もあります。「クワドラカット」と呼ばれますが、これも熟練した医師でないと超音波と同様に満足する結果が得られません。

最近「ミラドライ」などのマイクロ波や電磁波を利用して、皮膚の上から汗腺を破壊する機器も出てきました。この方法は、皮膚を全く切らないので傷が残らないという利点はあります。皮下のアポクリン腺の位置や厚さには個人差があり、そのため効果が一定ではないと言われ、にお

多汗症・わきがの手術方法

剪除法（保険適用）

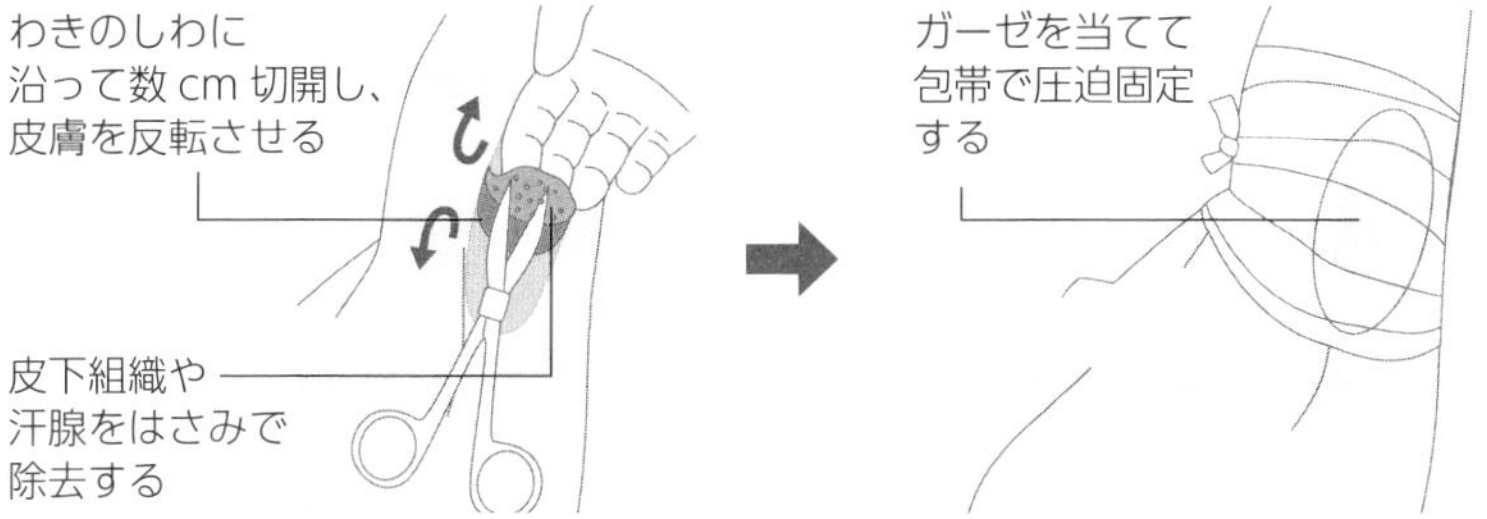
わきのしわに
沿って数 cm 切開し、
皮膚を反転させる
皮下組織や
汗腺をはさみで
除去する
ガーゼを当てて
包帯で圧迫固定
する

超音波を使った手術

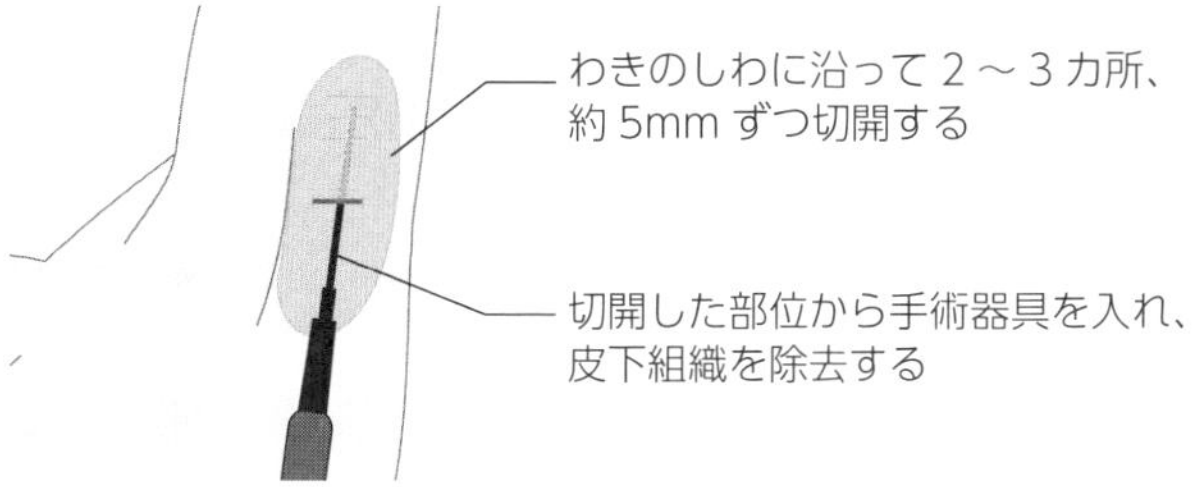
わきのしわに沿って 2 ～ 3 カ所、
約 5mm ずつ切開する
切開した部位から手術器具を入れ、
皮下組織を除去する

費用の相場	**保険適用あり、自由診療の場合は 30 万円くらい**
手術時間	**1 ～ 2 時間程度**
入院期間	**日帰り手術**

一般的な経過

当日	しばらく安静にしたら帰宅。わきが動かない姿勢をとる。腕全体がむくむことがある。入浴不可
2 ～ 3 日後	受診。消毒して包帯を巻き直す
4 ～ 5 日後	受診して消毒。以降シャワー可だが、わきはさわらない
2 週間後	抜糸。入浴可。超音波手術は腕を動かしてもよい
1 ～ 2 ヵ月後	剪除法も腕を動かしてもよい。赤みなどが残り、まだ傷跡が目立つ
半年～ 1 年後	傷跡がキレイになる。超音波手術のほうが治るのが早い

いが残った場合は再度行います。副作用として、一般的に腕のむくみが起こります。また、破壊された組織が皮下に溜まって感染を起こす可能性があります。

人によって、アポクリン腺の深さや層の厚さが異なります。これらの機器を希望するときには、よく調べて経験の多い医師の施術を受けましょう。事前に主治医からよく説明を聞いて、自分に合った方法を受けるようにしてください。

どの方法もにおいを完全になくすことは困難です。少しくらいなら気にしすぎず自分の個性として考えるようにしてください。

おへそを理想の形にする

おへそは、胎児のときに胎盤《たいばん》と繋がっていた臍帯《さいたい》（へその緒）が取れた跡です。本来、形はそのときに決まり、いわゆる「出べそ」という中央が突出した形もあります。出べそのなかでも、腸や脂肪が脱出して起こる「臍《へそ》ヘルニア」は治療が必要です。

へその緒が脱落するとき、腹腔《ふくくう》を作っている腹膜や腹壁は自然に閉鎖しますが、臍ヘルニアはうまく閉鎖しなかった状態です。腹壁の真ん中の線維組織が癒合《ゆごう》できず、腹膜と薄い皮膚が癒着《ゆちゃく》するだけで閉じています。へその部分が弱く、おなかの内側から腹壁に圧力が加わると、おへそが外に張り出しておへその中に腹腔内の脂肪組織や腸の一部が脱出してきます。

おへそと臍ヘルニアのしくみ

臍輪はへその緒の残りで、通常はおへその皮膚の中で線維化しています。臍輪が線維化して、外側に突出した状態を臍突出症といいます。臍ヘルニアは、臍輪が線維化せずヘルニア門となり、腹膜ごと腸が外側に突出した状態です。

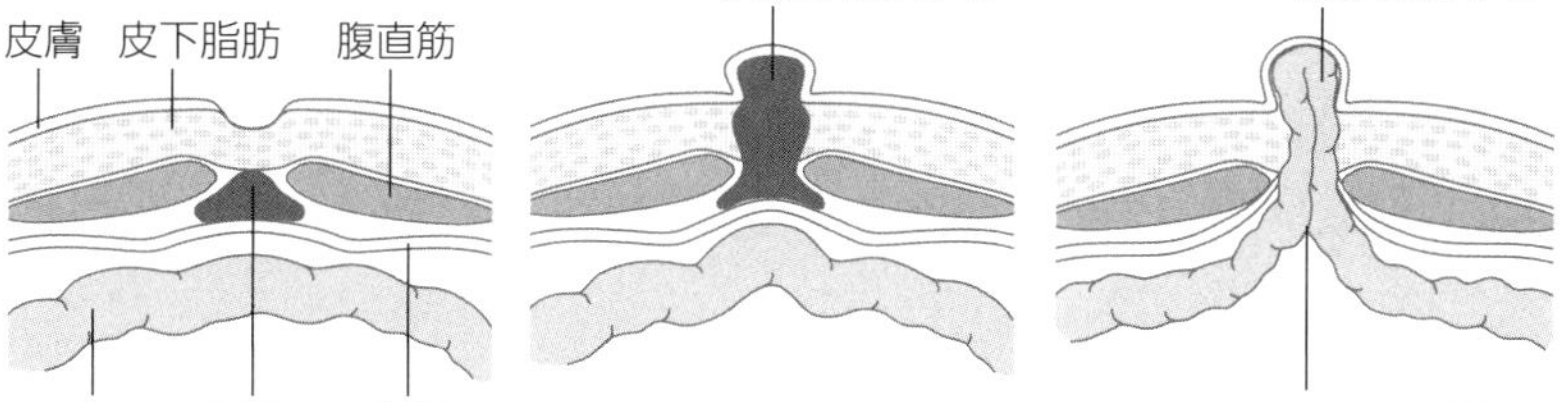

多くは脱出する量も少なく一時的ですが、まれに腸の一部が腹壁の組織に挟まれて中に戻ることができなくなり、腸が壊死することもあります。これを「嵌頓《かんとん》」といいます。嵌頓を起こした場合は痛みが強く、緊急に医療機関を受診して処置を受けることになります。

軽度の臍ヘルニアが、いわゆる「出べそ」です。おへその形が気になる場合には、手術で治すことができます。臍ヘルニアは一般的に3歳くらいまでに自然に治りますが、それを過ぎると自然閉鎖は難しく手術的な治療が必要になります。

●出べその修正

大人になってからの出べそは、腹膜が出ている臍ヘルニアタイプと、腹膜は閉じているがその上にある脂肪組織や瘢痕《はんこん》組織が出ている臍突出症《へそとっしゅつしょう》タイプの2つに分けられます。臍ヘルニアタイプは、腹膜を閉鎖したうえで形を整える必要があります。臍突出症タイプは、余剰組織を切除したうえで皮膚が陥没するようにします。どちらの方法でも、見た目を形成するだけならまだしも、形をよい状態にするのは実は難しいのです。

●おへその形の修正

おへその形は、一般的には深くて丸い形や縦長が好まれる傾向にありますが、特に決まっているわけではありません。形にこだわるのはあまり勧められませんが、中央部の皮膚が余って出ている、少し縦長にしたい、全体的に小さくしたいなどの希望があれば手術で変えられます。しかし、元の状態によっては周囲に新たな傷跡ができてしまいます。また、腹壁の脂肪が少ない人に深いおへそをつくるのは難しいことです。

前述したように、おへそは腹膜に近く炎症を起こすと腹痛の原因になり、重症な場合には腹膜炎を起こします。炎症を起こさないためにも、いじりすぎないようにすることも大事です。

おへその手術は通常、大人は局所麻酔で日帰り手術ですが、乳幼児や重度の臍ヘルニアは全身麻酔で行います。臍ヘルニアの術後は、重症度にかかわらず1日入院したほうが安全です。いずれの場合も、抜糸は1～2週間後に行います。費用は臍ヘルニアの場合には公的医療保険が使えますが、単に形をよくしたいという場合は自費診療となり、10～20万円程度かかります。

おへその手術方法

臍ヘルニアや臍突出症の場合

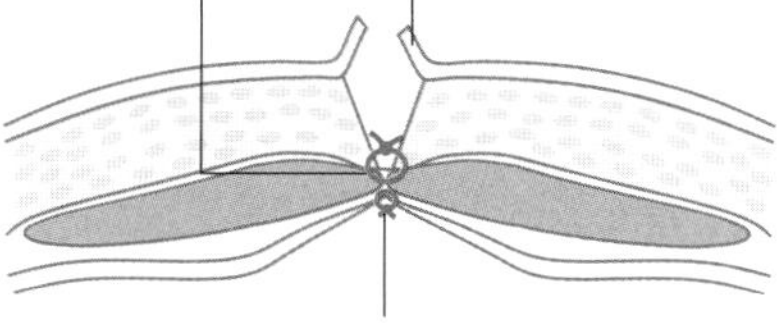

余分な皮膚や皮下組織を切除し、おへそのくぼみをつくる。臍ヘルニアは、腸を正しい位置に戻し、腹直筋を縫い寄せてから行う。

おへそを形成する場合

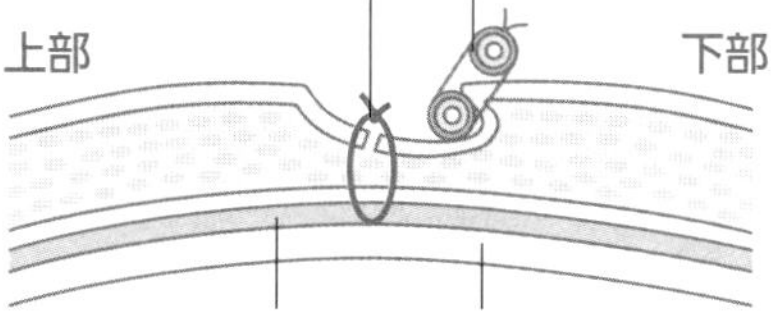

通常おへそは、皮膚がしわしわの状態でおへその中に収まっている。おへその中を切り、不要なものを切除する。縦長にしたい場合は縦長になるように縫い、おへそのくぼみに皮膚を収める。

費用の相場 臍ヘルニアは保険適用、美容目的の場合は 10 ～ 20 万円

手術時間 30 ～ 60 分程度

入院期間 日帰り手術、臍ヘルニアは 1 日入院

一般的な経過

当日	しばらく安静にしたら帰宅。シャワー浴・入浴不可。洗顔・洗髪可
翌日～	シャワー可。ガーゼは外さない。いきむなどおなかに力を入れる行動はできるだけ避ける
1 ～ 2 週間後	受診して抜糸。入浴可。腫れなどが落ち着いてくる

日本形成外科学会 HP「臍ヘルニア図解」より作成

陥入爪と弯曲爪

陥入爪

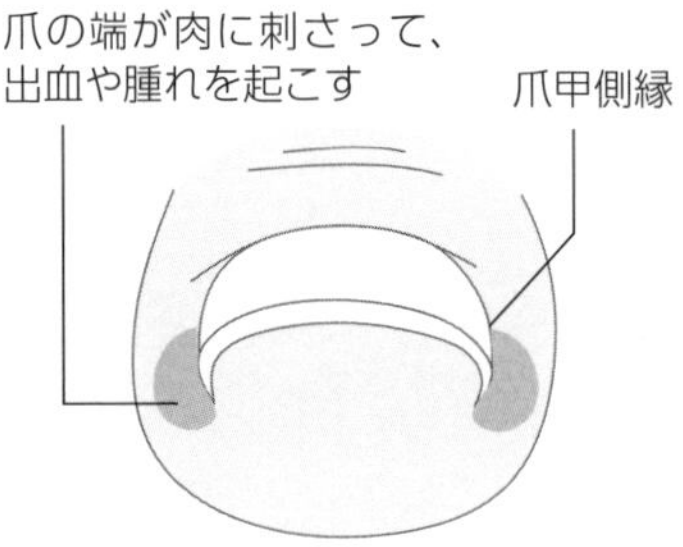

爪の端が肉に刺さって、
出血や腫れを起こす
爪甲側縁

爪の端がとげのように指に刺さって痛みます。炎症を起こすと、腫れたり膿が出たりすることもあります。深爪にしすぎると起こりやすくなります。

弯曲爪

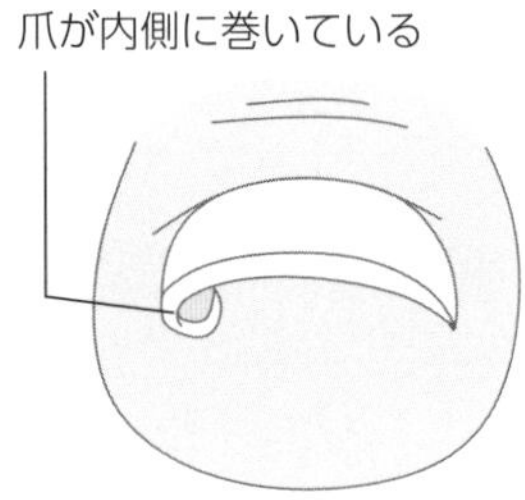

爪が内側に巻いている

爪の端が内側に丸まっています。指から剥がれてしまい、痛みが起こります。爪の両端を斜めに切ると起こりやすくなります。

生誕時に腹壁破裂や臍帯《さいたい》ヘルニアがあり、腹壁を閉じる手術を受けた場合には、おへそは欠損している場合が多く、新たにおへそを作ることになります。

くり返す巻き爪を治療する

足の爪が変形していると見た目も気になりますし、日常生活にも多大な影響を与えます。

一般的に巻き爪と呼ばれているものは、学術的には「陥入爪《かんにゅうそう》」と「弯曲爪《わんきょくそう》」という2つに分けられます。陥入爪とは、爪の端（爪甲《そうこう》側縁《そくえん》）が何らかの原因で曲がって、肉（軟部組織）に食い込んだ状態です。一方弯曲爪は、爪が食い込んでいるわけではなく、爪全体が内側に弯曲している状態です。原因や治療法が異なりますので、まずは皮膚科や形成外科を受診して相談してください。

●陥入爪と治療

陥入爪は、先天的に爪の端が90度近く曲がっていて起こる場合もあります。後天的な原因は、爪が剝《は》がれたり、靴による圧迫といった、外傷が挙げられます。後天的なものは足の親指（拇《ぼ》趾《し》）に起こりやすく、こまめに爪を切らないと爪の先端が肉に食い込んで炎症や化膿を引き起こします。爪を深く切りすぎたことが引き金となって起こることもあります。陥入爪があると、痛みで歩行に支障を来しますし、悪化すると指だけでなく足も腫れてきます。

感染を伴って赤くなったり膿が出ていたり、暗赤色の肉芽《にくが》組織が被っていたりするときには、抗生薬の内服や軟膏を塗布して炎症を抑えます。食い込んだ爪を切ると、一時的に改善します。

初めて起こって弯曲が軽いものは、食い込んでいる爪の端に軟膏のついたガーゼなどを押し込んで矯正します。痛みがあるので、患者さん自身ではできません。先天的に弯曲の強いものは手術したほうが確実で、患者さんの負担も少ないといえます。

手術では、曲がった爪の端（爪甲側縁）を縦に爪母《そうぼ》（爪をつくる細胞）まで切除して、その部分の爪がもう生えないようにします。爪の幅がその分狭くなりますが根治できます。基本的には日帰り手術ですが、高齢者で両足とも同時に手術する場合は入院することもあります。術後の痛みは翌日には軽快し、抜糸まで通常2週間かかります。ほかにも、「フェノール」という薬品を使っ

陥入爪の手術と矯正

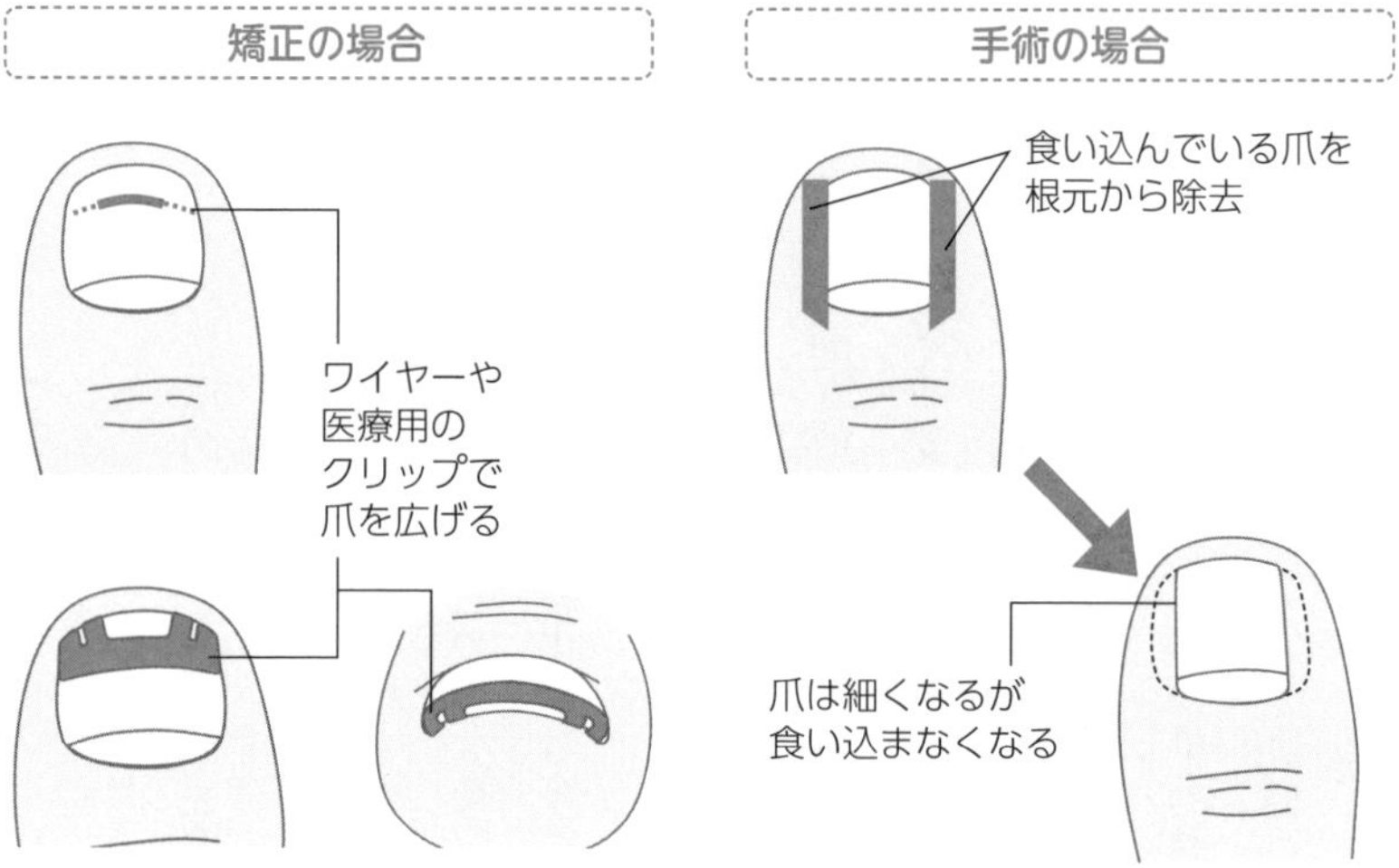

矯正の場合
ワイヤーや
医療用の
クリップで
爪を広げる
手術の場合
食い込んでいる爪を
根元から除去
爪は細くなるが
食い込まなくなる

て、爪の根元にある爪母を焼いて爪を細くする方法もありますが、熟練した医師が行わないと再発します。

切らずに爪の形を矯正する方法もあります。弯曲があまり強くないものに対してはプラスチックのプレートを貼り付けて弯曲を矯正する方法や、マチワイヤーという特殊な針金を爪に刺して矯正する方法もあります。どうしても手術したくない、爪の幅を狭くしたくない人には選択肢の1つですが、手間と時間がかかりますし、自費診療なので受診のたびに数千円〜1万円程度かかります。

●弯曲爪と治療

爪は、本来歩くことで爪に刺激が加わり、爪床《そうしょう》といっしょにくっついた状態で伸びていき平坦な爪を保ちます。寝たきりなどで歩か

巻き爪の改善・予防するセルフケア

やすりのかけ方

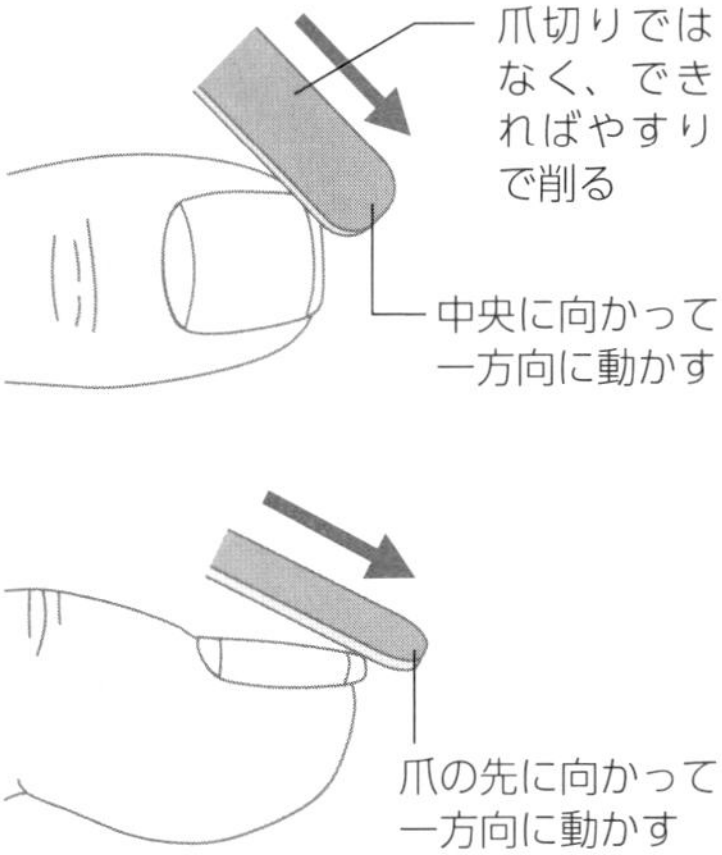

正しい爪の形・長さ

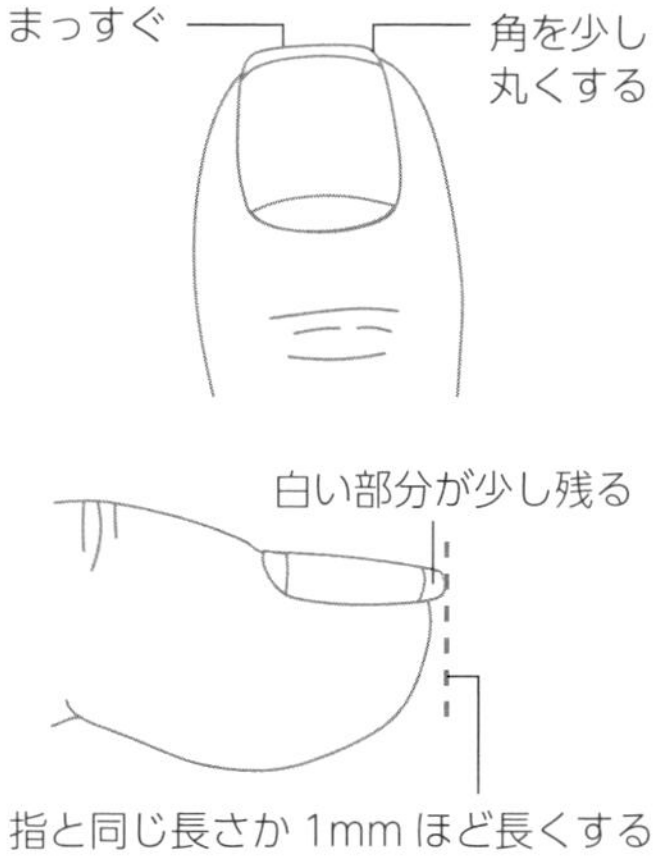

ないと徐々に両端から弯曲し浮いてきます。さらに爪を切らないでおくと、先端が浮いて下方向にも丸まって、ひどいものはクルクルと巻いたものもあります。弯曲爪は、爪の切り方や手入れによって改善できることが多く、寝たきりの方には特に爪の手入れが必要なのです。

高齢者の場合、このほかにも爪が肥厚《ひこう》して、一般的な爪切りでは切れないケースもあります。爪白癬《つめはくせん》（爪の水虫）や外傷などで爪がうまく伸びずに途中で止まってしまい、あとから伸びてきた爪が次々に重なって生じます。薬で効果がない場合は、一度爪を取り原因を取り除かない限りは治りません。手術ができないときには定期的に爪を薄くしたりして、保存的に治療することになります。

▼歯並びやかみ合わせをよくしたい

歯並びは、見た目のキレイさだけでなく、上下の歯がきちんとかみ合い、あごの動きで食べ物を噛《か》めるかどうかが重要です。歯並びは歯科、特に矯正歯科の分野になりますが、ときには形成外科医や口腔外科医と協力して矯正することがあります。ここでは治療の概要を解説します。

実は歯は少しずつ動いています。特に成長期はあごや歯の土台の成長とともに動きます。歯並びの乱れは、多くはあごや歯の土台の成長のバランスがそろっていないために起こります。「不正咬合《こうごう》」といって複数のタイプがあり、早めに矯正を始めたほうがよいものもあります。

歯が重なっていたりデコボコに生えたりして不ぞろいな状態は、乱ぐい歯とも呼ばれますが、専門的には「叢生《そうせい》」といいます。歯に対して、歯の土台やあごの骨が小さいために起こります。まず成長期の場合は、あごを広げる矯正器具で歯が動けるすきまをつくります。永久歯が全部そろったら、永久歯に矯正器具をつけてかみ合わせを調整します。成人などで歯の動くすき間があまりない場合は、抜歯することもあります。

いわゆる出っ歯は「上顎前突《じょうがくぜんとつ》」で、下のあごに比べて上のあごが大きく、前歯が正常にかみ合わない状態です。受け口（反対咬合）といわれる下あごが出ている状態は「下顎《かがく》前突」といいます。どちらも、上下のあごの成長が合わずに起こっていますので、成長期の早い段階で治療を始

矯正器具の例

あごの成長を管理するものなど

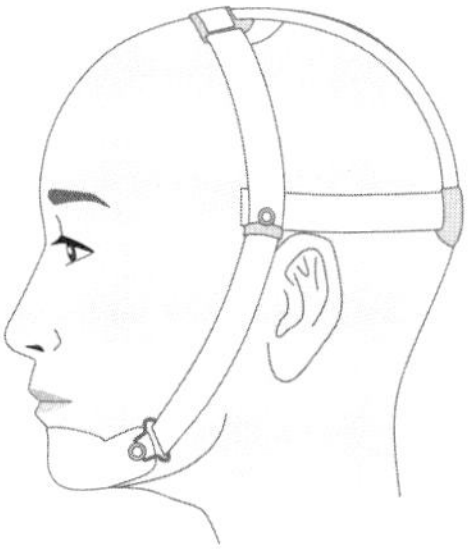

頭にゴムバンドやヘッドギアなどをつけて、あごや歯を動かします。取り外しが可能で、夜寝るときや自宅にいるときにつけます。

歯を動かすものなど

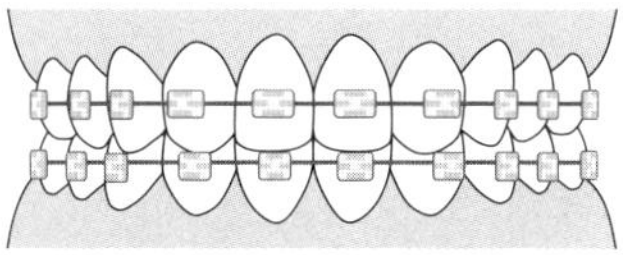

歯の表面に金属やレジンなどをつけ、ワイヤーを通して歯を動かします。基本的につけたまま生活しますが、取り外しができるものもあります。

めるとよいでしょう。必要に応じて、矯正器具であごの成長を促進・抑制します。思春期を過ぎても不正咬合がある場合には、咬合を整えるために、最終的に上あごや下あごの骨を切って、前に出したり、後ろに下げたりすることができます。こうした手術も形成外科と矯正歯科が連携を行います。不正咬合の場合は保険診療ができます。

矯正は自費診療です。矯正治療は、成人の場合2～3年かかりますが、子どもはそれよりも短くなります。必要に応じて抜歯をすることもありますが、できるだけ避けたいものです。治療を始める前に、治療方針や治療期間について矯正歯科医と相談しましょう。

●審美歯科と矯正歯科の違い

「審美歯科」を標榜する歯科医院もあります。審美歯科は、歯の美容外科にあたる診療科で、歯を白くしたり歯の形をきれいにするなど美容目的の自由診療も行っています。

矯正歯科では、できるだけ自分の歯を生かして、時間をかけて歯並びを治していきます。一方審美歯科では、一般歯科の技術を元に、歯を削ってかぶせ物をしたり人工歯を利用したりしながら、歯の色や形を整えていきます。自分の目的や予算なども考慮して、診療科を検討してください。

歯並びを矯正したい場合は、必ず矯正歯科を受診しましょう。歯科医師にも技術の差があります。

矯正歯科では「日本矯正歯科学会」が専門医制度を設けています。「矯正歯科認定医」または「矯正歯科専門医」の資格をもっているかどうかが、受診時の判断材料の1つになります。

美容外科の手術にはいろいろな方法がありますから、カウンセリングで自分の悩みや希望を主治医にしっかり伝えてください。治療後しばらくは満足していても、10年、20年と時間が経つと再手術が必要になる場合もあります。事前のカウンセリングで、主治医に将来の見通しも必ず確認してくださいね。

第4章

美容外科、
トラブルになったら

トラブルは、事前の準備である程度防ぐことができますが、起こってしまうこともあります。トラブルが起こりやすいポイントと、トラブル発生時の対策を知っておくと、パニックにならず早く対処ができます。

美容外科の「トラブル」とは

▼美容外科でトラブルが起こるワケ

美容外科でのトラブルとは、手術の合併症のほか、広告や契約時の問題や、治療の結果合併症とは異なる危害が起こるといったことがあります。相談先の1つとなる国民生活センターにも多くの相談が寄せられています。

トラブルとして多いのは、料金にかかわるものです。美容医療は公的医療保険が使えず、すべて自由診療ですから、提示された治療費に患者が納得したうえで治療を受けることになります。しかし、患者の無知につけ込み高額な手術料金にサインさせたり、手術台の上で金額を引き上げたりするようなトラブルが絶えません。

よくみられるのは、広告で非常に安い料金を提示して患者を集め、結局は法外に高い金額のローンを組ませるケースです。これに対して、消費者庁が中心となって法律の改正*が行われ、2017年12月から運用が始まっています。脱毛治療やレーザー治療のような継続的な治療では、事前にチケットなどを買わせることはできず、1回いくらという都度払いとなります。契約した

＊改正特定商取引法における特定継続的役務の追加指定に美容医療が追加され、2017年12月1日より施行（→P70）。

美容外科のトラブル件数

グラフは、美容医療で販売方法や広告に問題があった、危害を受けたという相談の件数。毎年 2000 件程度、トラブルが報告されています。

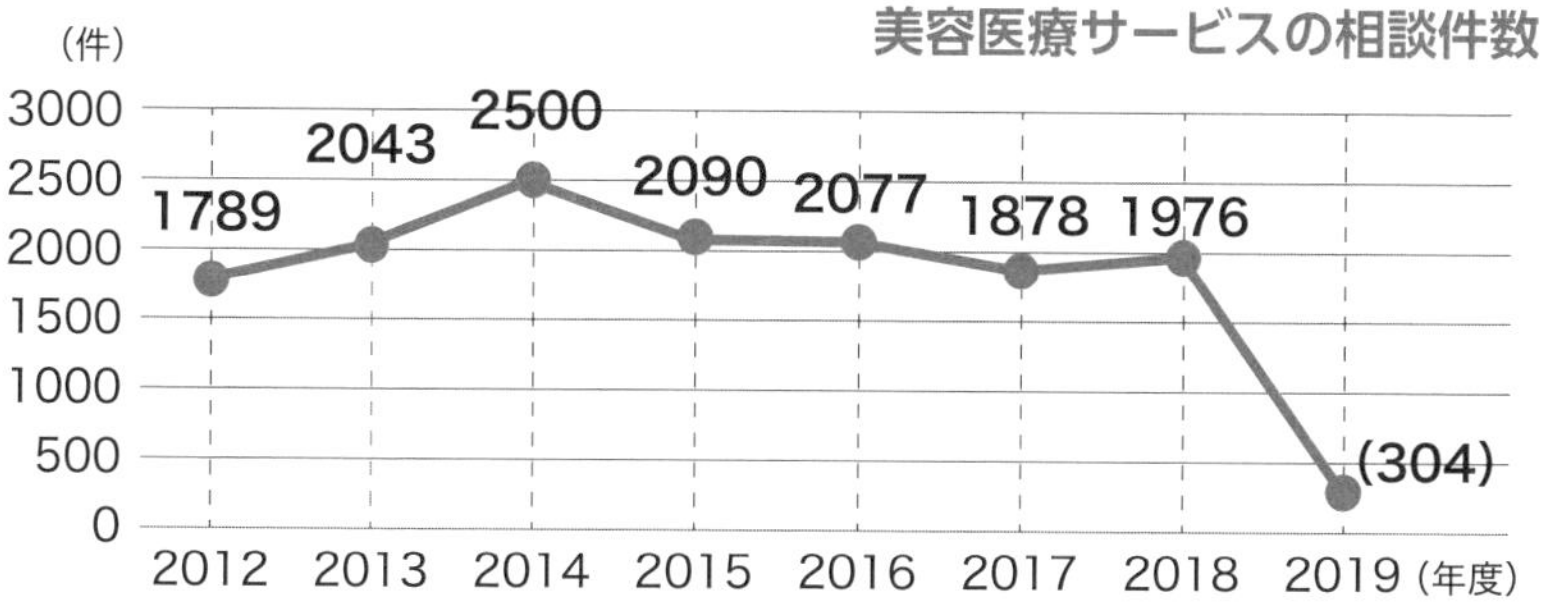

（PIO-NET〈パイオネット。全国消費生活情報ネットワークシステム〉に寄せられた、2019年６月 30 日現在の相談件数。消費生活センター等からの経由相談は含まず）

当日に希望して受けた治療費も、１週間以内ならクーリング・オフ制度が適用され、手続きすればお金は返還されます。

トラブルが多いのはヒアルロン酸の注入、まぶたやフェイスリフト、脱毛などの手術です。

広告の言葉にのって受診すると、すぐに手術を勧められます。本来手術法は決まっていますが、料金は手術方法や縫合のしかたで異なるなどといって金額を吊り上げていきます。思ったより高くかかることがわかり「お金がない」というと、クレジットカードやローンを勧められ、強引に契約させられてしまいます。

悪質な例では、服を脱ぎ手術台に乗ってから、追加の治療を承諾させたという報告もあります。そんな状況では、冷静に判断できません。

ヒアルロン酸の注入やまぶたの手術でも、言葉巧みに高額な料金を承諾させローンを組ませるクリニックがあります。ヒアルロン酸を目の下に注入しただけで数百万円も請求されたケースや、目のしわ取り手術を３００万円、フェイスリフトを１０００万円で受けたというケースもあります。いくらなんでも高すぎます。自由診療の料金は、患者と医者が納得して契約するなら料金がいくらでも文句は言えませんが、常識を逸脱した料金には気をつけてください。高い技術をもった誠実な医師は、多くの人を治療してＱＯＬをよくしようと考えるので法外な料金は請求しません。契約を解除できない、返金に応じてもらえないといった金銭トラブルはとても多いのです。

最近は医療ツーリズムが流行しているので、外国の方が日本へ来て美容外科手術を受けることがあります。あいだに入った通訳や仲介者が手数料を多く取ろうとして、料金の高いクリニックや治療を勧めますので医療側としても困っています。外国の美容外科事情については、あとで解説します。

▼「傷が残らない」とうたわれる機器で危害の報告も

美容外科で、金銭関係のほかに多いトラブルは危害です。国民生活センターの調査（↓Ｐ175）では、毎年４００～６００件程度の危害が報告されています。危害とは体に及ぼす損害のことで、具体的には熱傷、色素沈着などの皮膚障害のほか、事前の説明では傷跡が残らないと言われていたのに治療後に傷が残ってしまった、といったことも含まれます。

危害は、レーザーなどの美容医療機器で起こる例も多くみられます。美容医療機器も薬と同じく厚生労働省の認証（薬事認証）が必要ですが、認証が取れていない未認証機器も多く使われています。機器の審査は、現在、独立行政法人医薬品医療機器総合機構（ＰＭＤＡ《パムダ》）が行っており、審査にかかる期間が大幅に短縮しました。とはいえ、１つの機器の認証には費用や労力、時間もかかるため、医療機器業者は申請には慎重にならざるを得ないのです。

厚労省がＰＭＤＡを通して認証した機器は、ある程度信頼できます。現在、脱毛用のレーザー機器は２つの機種が認証されて使われていますし、痩身《そうしん》では高周波を使った機種が１つ認証されています。未認証の機種にも同様の効果が得られるものがいくつかありますが、未承認の機器は信用できないものも多いので、認証された機種が使えるならそれに越したことはありません。

美容医療機器は医師が操作することが条件ですので、たとえ厚労省の認証を受けた機器でもエステでは使用できません。レーザー光の熱作用は患者個人の皮膚の色によって異なりますので、その調整を行わずに照射すると熱傷が生じます。どのような機器においても操作ミスや故障は起こり得ますが、医師の専門知識でミスを最小限にしているのです。

レーザーを使った治療機器には、皮膚の色素斑や刺青、しわをとる機種などがあります。それぞれ異なる波長を使うことで最大の効果をねらいますが、波長が合わないと効果がありません。脱毛レーザーの合併症は熱傷が最も多く、後遺症の色素沈着が問題となります。多色彫りの刺青は、色ごとに効果のある機種が異なります(↓P118)。しわとりにはレーザーや光治療、高周波、超音波などの機種があり、どれもある程度は効果がありますが副作用が問題になります。

よく報告されますが、エステでの施術は医師法に抵触する可能性があります。エステサロンでのトラブルが「高密度焦点式超音波装置(HIFU《ハイフ》↓P125)」という機器は、エステサロンでのトラブルが波を一点に集めて皮下組織に熱を発生させ、熱作用によって脂肪細胞を減少させます。HIFUは、超音や痩身の目的で利用されますが、脂肪だけでなく血管や神経、筋肉にも影響を与えます。全身的に太っている人より、部分的にやせたい人に適した治療機器だと思います。

きちんと調整された機器を用いて、研修を済ませた医師が正確に操作しないと、熱傷《ねっしょう》、皮膚の違和感、突っ張り感、色素沈着、ひどいときには皮膚が硬く張るなどの高度な副作用を引き起こします。作用が弱いと効果が少なく感じますが、徐々に強くしていくと最後には副作用を起こしますので、医者・患者双方にとって難しい問題です。

サーマクールは高周波を皮膚に当て、熱で皮膚の真皮や皮下脂肪を刺激しながら再生を促す方法です。皮膚の表面を冷却しながら行うので表面は焼けませんが、出力を上げすぎたり冷却がうまく作動しなかったりする場合には、熱傷を引き起こします。顔の引き締め効果を期待して何回

トラブルを防ぐために

主治医からきちんと説明を受け、自分でも理解しているかどうか、施術を受ける前に下記をもう一度確認しましょう。

☑ 治療に使われる薬などがどのようなものか、自分で説明できる？

使われる薬や材料、機器には、厚生労働省の認証を受けていないものもあります。治療に使われるものが何か、自分の言葉で説明してください。

☑ 効果だけでなく、リスクや副作用についても知り、納得している？

治療には、副作用・合併症・後遺症、期待した通りの効果がないなどのリスクが伴います。治療の有効性や安全性と比較し、万が一のリスクも受け入れられますか？

☑ ほかの治療方法などの説明も受け、自分で選択した？

医師の勧める方法が唯一とは限りません。ほかの治療法がある場合に、その治療法の効果やリスクなども理解していますか？　そのうえで、自分で治療法を選びましたか？

☑ その治療は今すぐ必要？

美容外科で受ける治療の多くは、急がなくてもよい治療です。契約を急がせるケースが多いのですが、もう一度自分の気持ちを確かめてください。

（厚生労働省、消費者庁「美容医療の施術を受ける前にもう一度」より作成）

も照射しすぎると、真皮が薄くなって皮下脂肪が減少し、かえってたるみが目立ちます。

サーマクールは、改造して使用回数制限を無効にした機器が出回ったことで、健康被害も報告されているので注意が必要です。患者さんを第一に考え、治療をしすぎない医師を選びましょう。

トラブルを解決するために

▼もしトラブルになったら

トラブルが発生すると、通常パニックになるものです。まずは落ち着いて、一人で抱え込まず家族など周囲の人に相談したり、しかるべき相談先に連絡したりしましょう。

カウンセリング時に、自分の希望する治療法以外の方法を提案された場合、その場で承諾してはいけません。もし契約を急かされた場合は、医療機関を変更したほうがよいでしょう。必ず一度帰宅して調べ直し、冷静になって検討をしてください。治療法の効果やリスクを説明する資料がもらえるのなら、それらを見ながら検討し直しましょう。

もし強引に契約させられた場合や説明と契約が異なる場合などは、クーリング・オフ制度が使える可能性があります（↓P60）。契約関係のトラブルは、各都道府県の国民生活センターや消費生活センターへ連絡をしましょう。連絡先がわからない場合は消費者ホットライン（↓P182）へ連絡すると、近くの消費生活センターなどを案内してもらえます。

術後の感染症など合併症であれば、まずは治療を受けた医療機関を受診して相談してくださ

合併症とその治療

主な合併症には、以下のようなものがあります。皮膚の赤みや腫れは薬である程度改善します。壊死や変形などが起こった場合は、状態によっては摘出が必要になることもあります。

発赤、腫れ（腫脹《しゅちょう》）	▶ ステロイド薬や抗アレルギー薬の内服
皮膚や挿入物の硬化、変形、皮膚壊死《えし》、痛み、違和感、異臭、アレルギー反応など	▶ 除去（完全摘出、部分摘出、吸引摘出）→縫縮《ほうしゅく》などできれいに整える

い。術後すぐに起こった場合は、美容外科手術を受けた医療機関の負担で合併症の治療を受けることができます。

後遺症が残ったり術前の説明と異なったりしたときに、残念ながら治療を受けた医療機関で誠意ある対応を受けられないこともあります。セカンドオピニオンの意味でも、別の医師の診察を受けたほうがよいでしょう。

多くの患者さんは紹介状を持たずに受診しますが、他院を受診する場合は治療を受けた医療機関から紹介状をもらうのが理想です。紹介状に書かれている治療の術式や使われた薬などの情報から、後遺症を判断したり治療法を検討したりするためです。

受診先としては、近くの大学病院の美容外科が信頼できます。後遺症や修正を専門にする外来を設けている美容外科もあります。相談した結果、元の医療機関

トラブルの相談先

契約・解約でのトラブル	
消費者ホットライン	下記電話番号に電話すると、都道府県や市区町村の消費生活センターを案内してくれる。（電話番号）188

医療面でのトラブル、心配事、苦情など	
医療安全支援センター	各都道府県の連絡先が、ホームページで検索できる。http://www.anzen-shien.jp/center/index.html
日本美容医療協会（JAAM)	公益社団法人。日本美容外科学会（JSAPS）が母体で、所属は形成外科医が中心。美容医療相談室（オンライン公開相談室 URL）https://www.jaam.or.jp/soudan/top.html

で治療を続けられることもあります。医療機関以外では、日本美容医療協会や医療安全支援センターも相談先となります。電話相談窓口やメール相談窓口がありますので、連絡してみてください。

●修正を希望する前に

合併症や後遺症ではなく、手術結果の修正を希望される方もいらっしゃいます。治療を受けた部位の再手術は、最初の手術よりも難易度が格段に上がります。治療を受けた部位は、皮膚が癒着《ゆちゃく》するなどして治療前より硬くなっていますし、切り取ってしまったものは元に戻すことができません。

特にほかの医療機関で受けた治療の修正というのは、美容外科の治療のなかで最も難しいといえます。技術的なことだけでなく、患者さんの元の顔と今の状態を踏まえて、患者さんの本当に望む結果が何かを把握するのも難しいのです。修正をくり返すうちに、患者さん自身が自分を見失っていることも少なくありません。

修正を希望する患者さんのカウンセリングをすると、手術自体は成功しているけれど、思っていたのと違うからというケースもあります。修正をくり返すことで希望した状態からかけ離れるおそれもありますので、修正しないということも選択肢の１つです。主治医が説明をきちんとして患者さんの話をしっかり聞くことで、修正治療が不要であると納得していただけることもあります。

▼ケースでわかる　トラブル解決への道のり

トラブル予防策を十分にとっても、トラブルが起こることもあります。患者さんの状況や術後の状態には個人差が大きく、一概には言えませんが、トラブルの例や対処法を知っておくと、いざトラブルが起こったときにパニックにならず早めに対処することができます。万一トラブルが起こった場合の対処法について、ケースで解説していきます。

CASE　高額な施術を契約してしまった ● 20歳代女性

美容外科クリニックの無料優待チケットをもらいました。チケットには「脱毛無料」と書かれていて、無料ならと思いクリニックに予約を入れました。受診して問診票に記入し、医師の診察や説明を受けたあと、担当カウンセラーという人からケミカルピーリング（↓P102）を無料で受けました。

その後、担当カウンセラーから、「特別優待チケットなので、ほかの治療もお得に受けられる。今日契約すれば治療費が安くなる」と説明され、全身脱毛をクレジット払いで契約しました。帰宅後に契約書を見ると、想定した金額よりも高額でした。クリニックに連絡して契約を取り消したいと伝えましたが、担当カウンセラーが不在といわれ、後日連絡をもらうことになりました。

次に、国民生活センターに相談をしました。国民生活センターからの助言は、クレジット会社に連絡して契約をしないと伝えること、そしてクリニックに解約を申し出ることでした。すぐに連絡をしたところ、後日無事に解約することができました。

これは、2012年に国民生活センターに寄せられた相談と解決例です。広告で特別優待や施術無料といった言葉で勧誘するのは、現在禁止されています。医師ではない者（このケースでは、担当カウンセラー）が施術を行ったのも問題です。現在はクーリング・オフ制度なども使えますので、あきらめずに国民生活センターなどに相談してください。

CASE

修正が必要になった ● 30歳代女性

授乳後に乳頭が伸びてしまったことと乳輪が大きくなったことが気になって、美容外科を受診しました。大手の美容外科クリニックなら信頼できるだろうと思い、クリニックにカウンセリングの予約を入れて受診しました。若い医師だったのでちょっと心配でしたが、乳輪や乳頭を小さくする手術は日帰りでできて簡単な手術であると説明されたので、契約することにしました。

手術を受けると、乳頭の位置が片方だけ乳輪の下の方に移動してしまい、乳輪もまったく縮小されていないのに終了と言われました。手術中にもう少し何とかならないのかと医師に聞きましたが、こういうものだと言われ、看護師からも手術前より小さくなっていると言われて、手術が終わってしまいました。手術後の診察でもう一度訴えましたが、「合併症は起こっていないし、手術は成功している。修正するなら1回目以上の治療費がかかる」と言われました。このクリニックでもう一度治療を受ける気にはなれませんでした。

乳輪や乳頭の手術は、一見簡単に思えますが意外と難しい手術です（↓P139）。患者さんが最初に受診したのはチェーン医療機関でしたが、その後、私のところに来院されました。患者さんの希望に沿った治療は可能だったので修正手術を引き受けましたが、1回目の傷跡が粗雑で修正するのに苦労しました。患者さんは2回目の手術で満足できたとのことです。

手術をする医師は誰かを確認し、執刀する医師から手術法の説明を直接聞いて、納得のいく説明が得られてから手術を受けましょう。また修正が必要になると、1回目と同額かそれ以上の治療費がかかります。経済的な余裕をもって受診することも重要です。

CASE

術後に感染症を起こした ● 40歳代女性

豊胸術を希望して事前に下調べをしていたところ、クリニックのホームページで切開不要で安く受けられるという記事を見つけ、受診してカウンセリングを受けました。医師から、注射でヒアルロン酸を注入すること、いずれ吸収されるが何度も受けられるという説明を受け、お試しのつもりで施術を受けることにしました。

手術から数日後、片側の胸が腫れて痛みが出たので、治療を受けたクリニックを受診しました。術後の合併症の1つ、感染症という診断でした。感染症の治療を受けましたが、治療後にしこりが残ってしまい、注入したものを両胸とも除去することにしました。治療費はすべてクリニックの負担でした。もう一度受けられるとのことですが、あまり気が進みません……。

どの手術でも術後に感染が起こる可能性はありますが、特に注入での豊胸術は感染が起こりやすい治療法です。トラブルが相次いで起こりましたので、2019年に日本形成外科学会や日本美容外科学会（JSAPS、JSAS）、日本美容医療協会が共同で、豊胸目的の非吸収性充てん剤の注入は実施すべきではないという声明を出しています。ヒアルロン酸などを注入する豊胸術は避けたほうがよいでしょう。左のページに、起こりうるトラブルを一覧にしました。術後に心配な症状が現れたら、まずは治療を受けた医療機関に相談してください。

起こりうるトラブル

美容外科手術で起こりうるトラブルを部位・手術別に並べました。自然に起こるものや時間が経てば落ち着くものもあります。個人差がありますので、主治医に相談しましょう。

目

●埋没法……左右の相違（幅・腫れ）、埋没糸の締め付け感、眼瞼《がんけん》下垂《かすい》の悪化、まぶたの炎症、埋没糸による結膜や角膜への刺激、皮膚への腫瘤《しゅりゅう》（こぶ）、埋没糸の表出、二重の線の消失

●切開法……目立つ傷跡、左右の相違（幅・腫れ）、二重の線の幅（広すぎるなど）、上まぶたの陥没変形、血腫《けっしゅ》（術後の腫れ）、閉瞼困難（目が閉じない）

顔

●輪郭形成術……左右差（左右で輪郭線が異なる）、神経マヒ（顔面神経、三叉《さんさ》神経）、効果の少なさ、バランスの悪さ、術後の骨折・腫れ

●フェイスリフト……左右差（しわなど）、神経マヒ（顔面神経、三叉神経）、血腫、目立つ傷跡、皮膚壊死《えし》、後戻り（再びしわができる）

鼻

●隆鼻術《りゅうびじゅつ》……鼻の弯曲、鼻尖部《びせんぶ》の赤み、鼻の形（高すぎる・シャープすぎる）、鼻の穴の左右差、鼻《び》背部《はいぶ》の広さ・赤み、鼻根部《びこんぶ》の動き

●鼻翼《びよく》縮小術……傷が目立つ、左右差（形や孔の大きさが異なるなど）、小さくしすぎて息がしづらい

体

●脂肪吸引術……吸引部位の凹凸、皮膚壊死、左右差（太ももの太さなど）、効果の薄さ、目立つ傷跡

●脂肪注入術……注入部位・採取部位の凸凹、術後のしこり、注入部位の感染、吸収が早い

●豊胸術……目立つ傷跡、左右差（乳房の位置や形が左右で異なる）、硬くなる（カプセル拘縮《こうしゅく》）、血腫、腫れ

●包茎・長茎術……術後の痛み、感染、目立つ傷跡、性交時の痛み、元に戻るのが早い、効果がない

▼海外での美容外科手術はより慎重に

美容外科手術というと韓国やタイなどで盛んに行われているイメージですが、実は美容外科手術及び非外科手術の件数が最も多いのはアメリカで、次がブラジル、その次に日本です。海外では体への施術が多く、割合は顔が4割、乳房が3割、体幹・四肢への施術が3割です。日本では顔への施術が約9割ですから（→P17）、美容の関心が極端に顔に偏っています。

国ごとの施術の特徴は、人種や国民性の違いから来ています。欧米人は眼球が入っている眼窩《がんか》（目のくぼみ）が深く、ほとんどの人が二重《ふたえ》まぶたですから、一重《ひとえ》を二重にする手術は発達していません。韓国では骨を切って小顔にするなど骨切りの手術が、タイでは性転換手術が多いなど、国ごとに違いがあります。

比較的安価に美容外科手術が受けられるからといって、海外で美容外科手術を受ける人が増えています。しかし、海外で手術を受けるのはおすすめできません。

海外では英語や現地の言語でカウンセリングを受けなければいけません。母国語ではない言葉で自分の意思を十分に伝え、医師に理解してもらうのは難しいでしょう。医療ツーリズムなどでは通訳がつくことがありますが、これもおすすめできません。仲介者が自分の手数料を多くとるために、割高なクリニックを紹介したり、治療費だと言って料金を吊り上げたりすることがしば

海外の美容整形手術数

▼外科的手技の施術数

豊胸手術	1,677,320件
脂肪吸引術	1,573,680件
まぶたの手術	1,346,886件

▼非外科的手技の施術数

ボトックス注入	5,033,693件

▼施術数が増えている手術（上昇率）

女性器の若返り治療	23%
下半身のたるみ除去	22%
おしりのたるみ除去	17%
鼻形成手術	11%

国際美容形成外科学会（ISAPS）では、毎年美容整形手術の施術数や施術内容の世界的な統計調査を行っています。左記は2017年度の施術数。手術を受けた人は女性が約86%、男性は約14%でした。

国際美容形成外科学会（ISAPS）、2017年度年次国際美容調査、2018年発表

しばあるためです。

手術後は消毒や抜糸などの術後のフォローも必要で、治療を受けたクリニックで行うのが原則です。術式によっては1ヵ月ごとの経過観察も必要です。しかし、海外で治療を受けた人の術後のフォローだけを引き受けてくれるところはあまりありません。

海外から輸入された薬品や挿入物が日本でも使われますが、粗悪な素材が含まれていることもあります。国内製品ならまだ調べることができますが、海外で使われる薬や挿入物では難しくなります。どのような薬品や挿入物を使い、どのような術式で治療を行ったのかがわからなければ、治療後の予測や合併症が起こったときに対処できません。

２０１４年には、イギリス人２人が渡航先

で無免許の施術者から美容整形手術を受けて、死亡する事故が発生しました。

それぞれの国で美容外科の基準が異なるため、ＩＳＡＰＳでは世界的に通用する法律をつくろうという動きがあります。日本の医療水準は最高レベルですから、わざわざ海外へ行くよりも安全・安心に治療が受けられます。

海外での治療を希望する人の心理には、日本国内で美容外科を受診することへの迷いやためらい、周囲に知られたくない・批判されたくないという気持ちもあるようです。しかし、日本の美容外科も敷居が低くなっていますし、周囲の目も比較的好意的なものに変化してきています（↓Ｐ30）。周りの目が気になるという気持ちもわかりますが、手術の安全性には替えられません。

海外の美容外科への受診を検討する際に、もう一度情報を集めて、十分に考えていただきたいと思います。

美容外科でより良い人生を

本書を通じて美容外科について、絶対に知っておいていただきたいことについてお話ししてきました。外見の悩みを解消できた患者さんは、気持ちも明るくなり、いきいき生活しています。

また、美容外科で使われる器具や機器は近年かなり進歩して、新しい技術が次々に登場しています。

しかし、人間の骨格や筋肉、皮膚のしくみを劇的に変えるほどの技術はいまだにありませんし、元に戻す方法もあまり技術や研究が進歩していません。例えば二重手術の埋没法も一重に戻すほうが技術的に難しく、切開が必要になることもあります。一度手術を受ければ傷跡が必ず残りますし、特に骨などを切ると元通りにするのは難しく、治療に限界があります。

初めて受ける手術こそ、じっくりと考えていただきたいと思います。広告や雰囲気、期待感に流されず、場合によっては「手術をしない」という判断も必要です。知識を身につけていることでトラブルにあうリスクを減らすことができます。

人生をより良いものにするために、正しい知識を身につけ、安全な方法を選択しましょう。

美容外科への不安や心配が、少しでも軽くなりましたか？　事前の綿密な情報収集と自分の希望の検討が、トラブルを防ぐポイントです。安心して治療を受けるには、信頼できる美容外科医を見つけることがいちばん。カウンセリングで、主治医と十分に話し合ってください。

【著者プロフィール】
保阪 善昭（ほさか よしあき）
総合東京病院・東京クリニック　形成外科 美容外科センター長
昭和大学名誉教授
1944 年 東京生まれ。1971 年 千葉大学卒業・昭和大学形成外科入局、東京逓信病院皮膚科・形成外科、昭和大学形成外科、カナダ　モントリオール大学を経て 1986 年昭和大学形成外科美容外科科長、1994 年美容外科教授、1996 年形成外科主任教授を経て 2010 年より現職
日本形成外科学会（元会長、名誉会員）、日本美容外科学会（JSAPS 元会長、元理事長、名誉会員）、日本口蓋裂学会（元会長、名誉会員）、日本美容医療協会（元会長、元理事長）、国際美容外科学会（ISAPS 元日本支部長、元現地会長）、東洋美容外科学会（元会長）、日中形成外科学会（元会長）

美容外科手術
受ける前に絶対読む本

令和 2 年 1 月 24 日　第 1 刷発行

著　　者　保阪 善昭
発 行 者　東島 俊一
発 行 所　株式会社 **法 研**
〒 104-8104　東京都中央区銀座 1-10-1
代表 03(3562)3611
http://www.sociohealth.co.jp
印刷・製本　研友社印刷株式会社

0123

SOCIO HEALTH
小社は㈱法研を核に「SOCIO HEALTH GROUP」を構成し、相互のネットワークにより、〝社会保障及び健康に関する情報の社会的価値創造〞を事業領域としています。その一環としての小社の出版事業にご注目ください。

ISBN978-4-86513-662-3　C0077　定価はカバーに表示してあります。

乱丁本・落丁本は小社出版事業課あてにお送りください。

送料小社負担にてお取り替えいたします。